国家出版基金项目
NATIONAL PUBLICATION FOUNDATION

敦煌畫研究

（下册）

［日］松本荣一 著
林保尧 赵声良 李梅 译

ZHEJIANG UNIVERSITY PRESS
浙江大学出版社

目　录

第一章　/ 1

一 a　千佛洞第 139A 窟右壁［D321 北壁］观经变相　/ 3
一 b　千佛洞第 144 窟右壁［D329 北壁］阿弥陀净土变相　/ 5
二 a　观经变相　绢本着色　德里中亚博物馆藏　/ 6
二 b　千佛洞 S 第 3A 窟壁画［D334 北壁］阿弥陀净土变相　/ 7
三 a　千佛洞第 122 窟壁画［D44 北壁］观经变相　/ 8
三 b　千佛洞第 53b 窟右壁［D197 北壁］观经变相　/ 9
四 a　千佛洞第 59 窟右壁［D201 北壁］观经变相　/ 10
四 b　千佛洞第 51e 窟右壁［D194 北壁］观经变相　/ 11
五 a　千佛洞第 14 窟左侧龛［D154 北壁］观经变相　/ 12
五 b　千佛洞第 120G 窟右壁［D45 北壁］观经变相　/ 13
六 a　千佛洞第 139A 窟左壁［D152 北壁］观经变相　/ 14
六 b　千佛洞第 34 窟左壁［D113 南壁］观经变相　/ 14
七 a　千佛洞第 114 窟右壁［D66 北壁］观经变相　/ 15
七 b　千佛洞第 44 窟左壁［D120 南壁］观经变相　/ 15
八 a　千佛洞第 31 窟左壁［D171 南壁］观经变相　/ 16
八 b　千佛洞第 31 窟右壁［D171 北壁］观经变相　/ 17
九　观经变相　绢本着色　德里中亚博物馆藏　/ 18
一〇　观经变相　绢本着色　德里中亚博物馆藏　/ 19
一一　观经变相　绢本着色　大英博物馆藏　/ 20
一二　观经变相　绢本着色　德里中亚博物馆藏　/ 21
一三　观经变相　绢本着色　德里中亚博物馆藏　/ 22
一四　观经变相　绢本着色　德里中亚博物馆藏　/ 23
一五　观经变相　绢本着色　吉美博物馆藏　/ 24
一六　观经变相　绢本着色　吉美博物馆藏　/ 25
一七 a1　观经变相残片　绢本着色　大英博物馆藏　/ 26
一七 a2　观经变相残片　绢本着色　大英博物馆藏　/ 26
一七 a3　观经变相残片　绢本着色　大英博物馆藏　/ 26
一七 b　千佛洞第 146 窟左前壁［D332 东壁门南］阿弥陀净土变相　/ 26

一八 a　千佛洞第 117 窟左壁［D61 南壁］阿弥陀净土变相　/ 27
一八 b　千佛洞第 18 窟左壁［D128 北壁］阿弥陀净土变相　/ 28
一九 a　千佛洞第 33 窟右壁［D172 北壁］观经变相　/ 29
一九 b　千佛洞第 70 窟右壁［D217 北壁］观经变相　/ 30
二〇 a　千佛洞第 33 窟左壁［D172 南壁］观经变相　/ 31
二〇 b　千佛洞第 54 窟右壁［D103 北壁］观经变相　/ 32
二一 a　千佛洞第 130 窟壁画［D231 西壁南侧］观经变相　/ 33
二一 b　千佛洞第 130 窟壁画［D231 南壁］观经变相　/ 34
二二 a　附图一六观经变相下段一部　吉美博物馆藏　/ 35
二二 b　观经变序分图及十六观图　纸本　大英博物馆藏　/ 35
二三 a　千佛洞第 117 窟右壁［D61 北壁］药师净土变相　/ 36
二三 b　千佛洞第 8 窟右壁［D146 北壁］药师净土变相　/ 37
二四 a　千佛洞第 168 窟右壁［D6 北壁］药师净土变相　/ 38
二四 b　千佛洞第 46 窟右壁［D112 北壁］药师净土变相　/ 39
二五 a　千佛洞第 41 窟左壁［D180 南壁］药师净土变相　/ 40
二五 b　千佛洞第 51c 窟右壁［D192 北壁］药师净土变相　/ 41
二六　药师净土变相　绢本着色　大英博物馆藏　/ 42
二七　药师净土变相　绢本着色　德里中亚博物馆藏　/ 43
二八 a　附图二六药师净土变相九横死图相　绢本着色　大英博物馆藏　/ 44
二八 b　药师如来图　绢本着色　大英博物馆藏　/ 45
二九 a　药师文殊普贤图　绢本着色　大英博物馆藏　/ 46
二九 b　千佛洞第 17 乙窟右壁［D156 北壁］药师净土变相　/ 47
三〇 a　千佛洞第 117 窟左壁［D61 南壁］弥勒净土变相　/ 48
三〇 b　千佛洞第 8 窟左壁［D146 南壁］弥勒净土变相　/ 49
三一 a　千佛洞第 74 窟左壁［D98 南壁］弥勒净土变相　/ 50
三一 b　千佛洞 S 第 12 窟天井西壁［D156 窟顶西披］弥勒净土变相　/ 51
三二　弥勒净土变相　绢本着色　大英博物馆藏　/ 52
三三 a　千佛洞第 168 窟左壁［D6 南壁］法华经变相　/ 53
三三 b　千佛洞第 8 窟左壁［D146 南壁］法华经变相　/ 54
三四 a　千佛洞第 117 窟左壁［D61 南壁］法华经变相　/ 55
三四 b　千佛洞第 74 窟左壁［D98 南壁］法华经变相　/ 56
三五 a　千佛洞第 81 窟左壁［D231 南壁］法华经变相　/ 57
三五 b　千佛洞第 118F 窟左壁［D55 南壁］普门品变相　/ 58
三六 a　千佛洞第 104 窟右壁［D74 北壁］普门品变相　/ 60
三六 b　千佛洞第 118F 窟天井［D55 窟顶南披］法华经变相　/ 61
三七 a　千佛洞第 70 窟东壁入口左侧［D217 东壁门南］普门品变相　/ 62

三七 b 千佛洞第 70 窟东壁入口右侧［D217 东壁门北］普门品变相 / 63
三八 a 千佛洞第 102 窟左壁［D76 南壁东侧］法华经变相 / 64
三八 b 千佛洞第 102 窟左壁［D76 南壁］法华经变相 / 65
三九 a 千佛洞第 120N 窟壁画［D285 南壁］多宝、释迦并坐像 / 67
三九 b 千佛洞第 120G 窟里壁［D45 西壁龛顶］多宝、释迦并坐像 / 68
三九 c 千佛洞第 135C 窟里壁［D31 西壁龛顶］多宝、释迦并坐像 / 70
三九 d 千佛洞第 111 窟里壁［D259 西龛］多宝、释迦正面并坐像 / 71
四〇 a 千佛洞第 97 窟里壁［D246 中心柱东向面］多宝、释迦正面并坐像 / 72
四〇 b 千佛洞第 135F 窟里壁［D27 西壁］多宝、释迦正面并坐像 / 73
四〇 c 千佛洞第 120G 窟左壁［D45 南壁］普门品变相 / 74
四一 a 千佛洞第 71 窟左壁［D205 南壁］普门品变相 / 76
四一 b 普门品变相 绢本着色 吉美博物馆藏 / 77
四二 普门品变相 绢本着色 大英博物馆藏 / 78
四三 a 普门品变相 绢本着色 波士顿艺术博物馆藏 / 79
四三 b 普门品变相 绢本着色 大英博物馆藏 / 80
四四 a 普门品变相 绢本着色 大英博物馆藏 / 81
四四 b 普门品变相 绢本着色 卢浮宫博物馆藏 / 82
四五 普门品变相 麻布着色 大英博物馆藏 / 83
四六 a 千佛洞第 149 窟右壁［D335 北壁］维摩经变相 / 84
四六 b 千佛洞第 1 窟左前壁［D138 东壁］维摩经变相 / 85
四七 a 千佛洞第 8 窟右前壁［D146 东壁门北］维摩经变相 / 86
四七 b 千佛洞第 8 窟右前壁［D146 东壁门南］维摩经变相 / 87
四八 a 千佛洞第 84 窟右前壁［D237 东壁门北］维摩经变相 / 88
四八 b 千佛洞第 84 窟左前壁［D237 东壁门南］维摩经变相 / 89
四九 a 千佛洞第 52 窟右前壁［D108 东壁门北］维摩经变相 / 90
四九 b 千佛洞第 52 窟左前壁［D108 东壁门南］维摩经变相 / 91
五〇 a 千佛洞第 117 窟右前壁［D61 东壁门北］维摩经变相 / 92
五〇 b 千佛洞第 117 窟左前壁［D61 东壁门南］维摩经变相 / 93
五一 a 千佛洞第 74 窟左前壁［D98 东壁］维摩经变相（左半） / 95
五一 b 千佛洞 S 第 6 窟正面龛侧［D335 西壁龛内］维摩经变相 / 97
五二 a 千佛洞第 67 窟正面龛侧［D203 西壁龛外］维摩经变相 / 98
五二 b 千佛洞第 168 窟左前壁［D6 东壁门北］维摩经变相 / 98
五二 c 千佛洞第 168 窟右前壁［D6 东壁门南］维摩经变相 / 99
五三 维摩经变相 绢本着色 大英博物馆藏 / 100
五四 a 维摩经变相 纸本着色 大英博物馆藏 / 101
五四 b 维摩经变相 纸本墨画 大英博物馆藏 / 101

五五 a　千佛洞第 8 窟左壁［D146 南壁］报恩经变相　/ 102
五五 b　千佛洞第 117 窟左壁［D61 南壁］报恩经变相　/ 103
五六 a　千佛洞 S 第 2 窟左壁［D4 南壁］报恩经变相　/ 104
五六 b　千佛洞第 46 窟右壁［D112 北壁］报恩经变相　/ 105
五七 a　千佛洞第 74 窟左壁［D98 南壁］报恩经变相　/ 106
五七 b　千佛洞第 14 窟左壁［D154 北壁］报恩经变相　/ 107
五八　报恩经变相　绢本着色　大英博物馆藏　/ 108
五九　报恩经变相　绢本着色　大英博物馆藏　/ 109
六〇 a　附图五八报恩经变相外缘一部　绢本着色　大英博物馆藏　/ 110
六〇 b　附图五九报恩经变相外缘一部　绢本着色　大英博物馆藏　/ 111
六一 a　千佛洞第 84 窟里壁［D237 西壁］报恩经变相　/ 112
六一 b　千佛洞第 74 窟右壁［D98 南壁］报恩经变相　/ 113
六二 a　千佛洞第 81 窟里壁［D231 西壁］报恩经变相　/ 114
六二 b　千佛洞第 17 乙窟右壁［D156 北壁］报恩经变相（下段曲伎舞踊）　/ 115
六三 a　千佛洞第 117 窟右壁［D61 北壁］华严经变相　/ 116
六三 b　千佛洞第 8 窟右壁［D146 北壁］华严经变相　/ 117
六四 a　千佛洞第 168 窟右壁［D6 北壁］华严经变相　/ 118
六四 b　千佛洞第 118F 窟天井北侧［D55 窟顶北披］华严经变相　/ 119
六五　千佛洞第 102 窟右壁［D76 北壁］华严经变相　/ 120
六六　父母恩重经变相　绢本着色　大英博物馆藏　/ 121
六七 a　千佛洞第 8 窟后壁［D146 西壁南侧］牢度叉斗圣变相之舍利弗　/ 122
六七 b　千佛洞第 8 窟后壁［D146 西壁北侧］牢度叉斗圣变相下段　/ 123
六八 a　千佛洞第 138 窟天井南侧［D25 窟顶南披］华严经变相　/ 124
六八 b　千佛洞第 74 窟后壁［D98 西壁］牢度叉斗圣变相（右半）　/ 125
六九 a　千佛洞第 63 窟后壁［D196 西壁］牢度叉斗圣变相　/ 126
六九 b　千佛洞第 118F 窟后壁［D55 西壁］及彩塑　/ 128
七〇 a　千佛洞第 52 窟后壁［D108 西壁］及彩塑　/ 130
七〇 b　千佛洞第 167 窟左壁［D9 南壁］牢度叉斗圣变相　/ 131
七一 a　千佛洞第 149 窟后壁［D335 西龛］牢度叉斗圣变相　/ 133
七一 b　万佛峡 S 第 2 窟壁画［榆林窟第 32 窟东南壁］牢度叉斗圣变相　/ 134

第二章　/ 137

七二 a　佛传图（燃灯佛授记、三苦）绢本着色　大英博物馆藏　/ 138
七二 b　佛传图（入胎、摩耶出游）绢本着色　大英博物馆藏　/ 139
七三 a　佛传图（白象待机、在天菩萨、菩萨降神）绢本着色　德里中亚博物馆藏　/ 140

七三 b　佛传图（入胎、摩耶出游、太子降诞、七步狮子吼）绢本着色　德里中亚博物馆藏　/ 140
七三 c　佛传图（灌顶、七步狮子吼）绢本着色　大英博物馆藏　/ 141
七四 a　佛传图（七宝、灌顶、七步狮子吼）绢本着色　大英博物馆藏　/ 142
七四 b　佛传图（七宝）绢本着色　大英博物馆藏　/ 142
七四 c　佛传图（诸兽生子）绢本着色　大英博物馆藏　/ 143
七五 a　佛传图（斫断多罗树、射铁鼓、书算）绢本着色　卢浮宫博物馆藏　/ 144
七五 b　佛传图（书算、相扑、角力、掷象）绢本着色　德里中亚博物馆藏　/ 144
七五 c　佛传图（佛、学习）绢本着色　大英博物馆藏　/ 145
七六 a　佛传图（出逢老人、道见病人）绢本着色　大英博物馆藏　/ 146
七六 b　佛传图（出逢老人、道见病人、路逢死尸、北门逢比丘）绢本着色　卢浮宫博物馆藏　/ 146
七七 a　佛传图（采女歌舞、出家）绢本着色　大英博物馆藏　/ 147
七七 b　佛传图（出家、搜索、侍卫禁缚、王师归还）绢本着色　德里中亚博物馆藏　/ 147
七八 a　佛传图（太子出家、采女昏眠、卫士昏睡、协议）绢本着色　德里中亚博物馆藏　/ 148
七八 b　佛传图（山中太子、追寻、频毗娑罗归佛）绢本着色　德里中亚博物馆藏　/ 148
七八 c　佛传图（诀别、犍陟下山、追寻）绢本着色　大英博物馆藏　/ 149
七九 a　佛传图（犍陟诀别、太子剃发、苦行）绢本着色　大英博物馆藏　/ 150
七九 b　佛传图（雷雨、苦行、尼连河澡浴）绢本着色　大英博物馆藏　/ 150
八〇 a　佛传图　绢本着色　大英博物馆藏　/ 151
八〇 b　佛传图　绢本着色　德里中亚博物馆藏　/ 151
八一 a　千佛洞第 135 窟右壁［D428 北壁］佛传图　/ 152
八一 b　千佛洞第 17 乙窟前室天井［D156 前室窟顶］降魔变相　/ 152
八二　降魔变相　绢本着色　吉美博物馆藏　/ 153
八三 a　千佛洞第 102 窟壁画［D76 东壁门南］佛传图　/ 154
八三 b　千佛洞第 102 窟壁画［D76 东壁门北］佛传图　/ 155
八四 a　千佛洞第 117 窟右壁［D61 北壁］佛传图　/ 156
八四 b　千佛洞第 146 窟左壁［D332 南壁］佛传图　/ 157
八五 a　千佛洞第 135 窟后壁［D428 西壁］涅槃图　/ 158
八五 b　千佛洞第 126b 窟天井［D295 窟顶西披］涅槃图　/ 159
八六 a　千佛洞第 19 乙窟［D158］入涅槃巨像后壁来会诸众图　/ 160

八六 b　千佛洞第 19 乙窟［D158］入涅槃巨像后壁来会诸众图　/ 161
八七 a　千佛洞第 19 乙窟［D158］入涅槃巨像后壁四天王天龙八部及其他　/ 162
八七 b　千佛洞第 19 乙窟［D158］入涅槃巨像后壁来会诸众图　/ 163
八八 a　千佛洞第 135 窟右前壁［D428 东壁门北］须大拏本生及猕猴本生图　/ 164
八八 b　千佛洞第 135 窟左前壁［D428 东壁门南］摩诃萨埵本生图　/ 165
八九 a　千佛洞第 110 窟左壁［D257 西壁］鹿王本生图　/ 166
八九 b　千佛洞第 74 窟左壁［D98 南壁］尸毗王本生及摩诃萨埵本生图　/ 167
九〇 a　千佛洞第 8 窟左壁［D146 南壁］净土变及本生图　/ 168
九〇 b　千佛洞第 117 窟左壁［D61 南壁］须弥、诸佛、诸本生图　/ 169

第三章　/ 171

九一 a　附图五九报恩经变相中卢舍那佛图　绢本着色　大英博物馆藏　/ 172
九一 b　千佛洞第 135C 窟右壁［D31 南壁］卢舍那佛图　/ 173
九二 a　千佛洞第 135 窟左壁［D428 南壁］卢舍那佛图　/ 174
九二 b　千佛洞第 101 窟壁画［D249 窟顶西披］须弥侧阿修罗图　/ 174
九二 c　千佛洞第 84 窟佛龛天井斜面［D237 西龛内顶西披］双身佛像　/ 175
九三 a　千佛洞第 81 窟佛龛天井斜面［D231 西龛内顶西披］双身佛及诸佛图　/ 176
九三 b　千佛洞第 64 窟左壁［D220 南壁］双身佛及诸佛图　/ 177
九四 a　灵山释迦说法图　绢本着色　德里中亚博物馆藏　/ 178
九四 b　千佛洞第 67 窟正面［D203 西壁］灵山释迦说法塑像　/ 179
九五 a　灵山释迦说法图　刺绣　大英博物馆藏　/ 180
九五 b　灵山释迦说法图残片　绢本着色　大英博物馆藏　/ 181
九六 a　炽盛光佛及五星图　绢本着色　大英博物馆藏　/ 182
九六 b　千佛洞第 117 窟壁画［D61 甬道南壁］炽盛光佛图　/ 183
九七 a　水月观音图　纸本着色　卢浮宫博物馆藏　/ 184
九七 b　水月观音图　纸本着色　大英博物馆藏　/ 185
九八 a　水月观音图　绢本着色　大英博物馆藏　/ 186
九八 b　水月观音图（附图一六八千手观音图下段）（天福八年）　绢本着色　吉美博物馆藏　/ 187
九九 a　延受命菩萨图　绢本着色　卢浮宫博物馆藏　/ 188
九九 b　延寿命菩萨图　绢本着色　大英博物馆藏　/ 189
一〇〇 a　无障碍菩萨图　绢本着色　德里中亚博物馆藏　/ 190
一〇〇 b　常举手菩萨图　绢本着色　德里中亚博物馆藏　/ 190
一〇〇 c　延受命菩萨图　麻布着色　大英博物馆藏　/ 191
一〇〇 d　不休息菩萨图　绢本着色　朝鲜总督府博物馆藏　/ 191
一〇一　引路菩萨图　绢本着色　大英博物馆藏　/ 192

一〇二　引路菩萨图　绢本着色　大英博物馆藏　/ 193
一〇三 a　引路菩萨图　绢本着色　吉美博物馆藏　/ 194
一〇三 b　引路菩萨图　绢本着色　卢浮宫博物馆藏　/ 195
一〇四 a　引路菩萨图　纸本着色　吉美博物馆藏　/ 196
一〇四 b　引路菩萨图（附图一〇八地藏十王图下段，太平兴国八年）纸本着色　吉美博物馆藏　/ 197
一〇五　被帽地藏菩萨图　绢本着色　大英博物馆藏　/ 198
一〇六 a　被帽地藏菩萨图　绢本着色　德里中亚博物馆藏　/ 199
一〇六 b　被帽地藏菩萨图　绢本着色　大英博物馆藏　/ 200
一〇七 a　被帽地藏菩萨图　绢本着色　吉美博物馆藏　/ 201
一〇七 b　千佛洞第 14 窟壁画［D154 北壁］被帽地藏菩萨图　/ 202
一〇八　地藏十王图　绢本着色　吉美博物馆藏　/ 203
一〇九　地藏十王图　绢本着色　德里中亚博物馆藏　/ 204
一一〇 a　地藏十王图　绢本着色　大英博物馆藏　/ 205
一一〇 b　地藏十王图　绢本着色　大英博物馆藏　/ 206
一一一 a　地藏十王图　绢本着色　德里中亚博物馆藏　/ 207
一一一 b　地藏十王图　绢本着色　吉美博物馆藏　/ 208
一一二 a　地藏十王图　绢本着色　吉美博物馆藏　/ 209
一一二 b　地藏十王图　绢本着色　吉美博物馆藏　/ 209
一一三 a　附图一一七、附图一一八十王经图卷中被帽地藏菩萨图　/ 210
一一三 b　被帽地藏菩萨图（附图一七四千手观音图下段）绢本着色　吉美博物馆藏　/ 211
一一四 a　十王经图卷残片　纸本淡彩　大英博物馆藏　/ 212
一一四 b　十王经图卷残片　纸本淡彩　大英博物馆藏　/ 213
一一五 a　十王经图卷　纸本淡彩　大英博物馆藏　/ 213
一一五 b　十王经图卷　纸本淡彩　大英博物馆藏　/ 213
一一六 a　十王经图卷　纸本淡彩　大英博物馆藏　/ 214
一一六 b　十王经图卷　纸本淡彩　大英博物馆藏　/ 214
一一七 a　十王经图卷　纸本淡彩　山中商会藏　/ 215
一一七 b　十王经图卷　纸本淡彩　山中商会藏　/ 215
一一八　十王经图卷　纸本淡彩　山中商会藏　/ 215
一一九 a　兜跋毗沙门天像　绢本着色　大英博物馆藏　/ 216
一一九 b　千佛洞第 14 窟左侧龛内［D154 南壁］兜跋毗沙门天像　/ 216
一二〇 a　兜跋毗沙门天像　纸本着色　吉美博物馆藏　/ 217
一二〇 b　兜跋毗沙门天像　纸本版画　大英博物馆藏　/ 217
一二一 a　兜跋毗沙门天像　纸本淡彩　德里中亚博物馆藏　/ 217

一二一 b　兜跋毗沙门天像　中村不折藏　/ 217
一二一 c　万佛峡壁画［榆林窟第 25 窟前室东壁］兜跋毗沙门天像　/ 218
一二二　四天王图（册子）纸本着色　德里中亚博物馆藏　/ 219
一二三 a　毗沙门天像　绢本着色　大英博物馆藏　/ 220
一二三 b　毗沙门天像　绢本着色　大英博物馆藏　/ 221
一二四 a　行道天王图　绢本着色　吉美博物馆藏　/ 222
一二四 b　兜跋毗沙门天像（孩儿）绢本着色　大英博物馆藏　/ 223
一二五 a　日前摩利支天图　纸本着色　大英博物馆藏　/ 224
一二五 b　日前摩利支天图　纸本着色　吉美博物馆藏　/ 225
一二六 a　多子塔图　纸本白描　德里中亚博物馆藏　/ 226
一二六 b　莲上孩儿图　绢本着色　卢浮宫博物馆藏　/ 227
一二七 a　莲上菩萨图　绢本着色　德里中亚博物馆藏　/ 228
一二七 b　莲上菩萨图　绢本着色　卢浮宫博物馆藏　/ 228
一二八　西域佛菩萨图像集　绢本着色　德里中亚博物馆藏　/ 229
一二九 a　千佛洞第 110 窟壁画［D257 北壁］千佛图　/ 230
一二九 b　千佛洞第 120F 窟［D46］千佛图　/ 231
一二九 c　千佛洞第 117 窟壁画［D61 窟顶东披］千佛图　/ 232
一三〇　千佛图残片　刺绣　大英博物馆藏　/ 233
一三一　千佛图残片　纸本淡彩　卢浮宫博物馆藏　/ 234
一三二 a　佛名经图卷残片　纸本版画　中村不折藏　/ 235
一三二 b　佛名经图卷残片　纸本淡彩　江藤涛雄藏　/ 235
一三三　千佛图残片　纸本淡彩　德里中亚博物馆藏　/ 236
一三四 a　千佛像（一部）纸本版画　斯坦因携回品　/ 237
一三四 b　菩萨像（一部）纸本版画　德里中亚博物馆藏　/ 237
一三五 a　千佛图　纸本版画　斯坦因携回品　/ 238
一三五 b　千佛图　纸本版画　斯坦因携回品　/ 238
一三五 c　菩萨图　纸本版画　斯坦因携回品　/ 238
一三六 a　菩萨图　纸本版画　斯坦因携回品　/ 239
一三六 b　地藏图　纸本版画　斯坦因携回品　/ 239
一三六 c　金刚力士图　纸本版画　斯坦因携回品　/ 239
一三六 d　绘历　纸本　斯坦因携回品　/ 239
一三七　文殊菩萨图　绢本着色　大英博物馆藏　/ 240
一三八　文殊普贤四观音图（咸通五年）绢本着色　大英博物馆藏　/ 241
一三九 a　千佛洞第 51C 窟壁画［D192 西壁］文殊普贤图　/ 242
一三九 b　千佛洞第 168 窟壁画［D6 西壁］文殊普贤图　/ 243
一四〇 a　千佛洞第 62 窟壁画［D223 东壁］文殊普贤图　/ 244

一四〇 b　千佛洞第 72 窟壁画［D99 西壁］文殊普贤图　/ 245
一四一 a　千佛洞第 169 窟壁画［D5 西壁］文殊普贤图　/ 246
一四一 b　千佛洞第 81 窟壁画［D231 西壁］文殊普贤图　/ 247
一四二 a　文殊菩萨图　绢本着色　大英博物馆藏　/ 248
一四二 b　文殊菩萨图　绢本着色　德里中亚博物馆藏　/ 248
一四三 a　普贤菩萨图　绢本着色　大英博物馆藏　/ 249
一四三 b　普贤菩萨图　绢本着色　大英博物馆藏　/ 249
一四四 a　普贤菩萨图　绢本着色　德里中亚博物馆藏　/ 250
一四四 b　文殊菩萨图　绢本着色　德里中亚博物馆藏　/ 250
一四四 c　普贤菩萨图　纸本版画　大英博物馆藏　/ 251

第四章　/ 253

一四五 a　千佛洞第 76 窟壁画［D97 北壁］十六罗汉图　/ 254
一四五 b　千佛洞第 76 窟壁画［D97 南壁］十六罗汉图　/ 255
一四六 a　千佛洞第 79 窟壁画［D95 南壁］罗汉图　/ 256
一四六 b　千佛洞第 79 窟壁画［D95 西壁］罗汉图　/ 257
一四六 c　千佛洞第 79 窟壁画［D95 西壁］罗汉图　/ 258
一四六 d　千佛洞第 79 窟壁画［D95 北壁］罗汉图　/ 259
一四七 a　达磨多罗图　纸本着色　朝鲜总督府博物馆藏　/ 260
一四七 b　达磨多罗图　纸本着色　吉美博物馆藏　/ 261
一四八 a　达磨多罗图　纸本着色　大英博物馆藏　/ 262
一四八 b　迦理迦图　纸本淡彩　大英博物馆藏　/ 263
一四九 a　高僧图　纸本　大英博物馆藏　/ 264
一四九 b　千佛洞第 147A 窟入口左侧［D333 东壁］宝志像　/ 265

第五章　/ 267

一五〇　护诸童子曼荼罗残片　纸本着色　德里中亚博物馆藏　/ 268
一五一　佛顶曼荼罗残片　纸本淡彩　斯坦因携回品　/ 268
一五二 a　附图一五一佛顶曼荼罗里面写经　/ 269
一五二 b　曼荼罗残片（名称不详）纸本着色　德里中亚博物馆藏　/ 270
一五三　四印曼荼罗　纸本白描　大英博物馆藏　/ 270
一五四　三昧耶曼荼罗残片　纸本淡彩　斯坦因携回品　/ 271
一五五　观世音陀罗尼轮曼荼罗残片　绢本白描　大英博物馆藏　/ 271
一五六 a　无量寿陀罗尼轮曼荼罗　纸本版画　大英博物馆藏　/ 272
一五六 b　千转陀罗尼轮曼荼罗　纸本版画　大英博物馆藏　/ 272
一五七 a　西藏文陀罗尼轮曼荼罗　纸本版画　德里中亚博物馆藏　/ 273

一五七 b　大随求陀罗尼轮曼荼罗　纸本版画　大英博物馆藏　/ 274
一五八　随求陀罗尼经图卷第一纸随求曼荼罗　纸本　中村不折藏　/ 275
一五九　随求陀罗尼经图卷第二纸　纸本　中村不折藏　/ 275
一六〇　随求陀罗尼经图卷第三纸　纸本　中村不折藏　/ 276
一六一 a　随求尊位曼荼罗　纸本　斯坦因携回品　/ 277
一六一 b　随求尊位曼荼罗（未完成）纸本　斯坦因携回品　/ 277
一六二　坛城图　纸本白描　大英博物馆藏　/ 278
一六三 a　尊胜法坛城图　纸本墨画　大英博物馆藏　/ 279
一六三 b　修请观音法图　纸本淡彩　德里中亚博物馆藏　/ 279

第六章　/ 281

一六四　阿弥陀曼荼罗　绢本着色　大英博物馆藏　/ 282
一六五　莲华部八尊曼荼罗　绢本着色　卢浮宫博物馆藏　/ 283
一六六 a　千佛洞第 72 窟左壁［D99 南壁］千臂千钵文殊菩萨图　/ 284
一六六 b　千佛洞第 6 窟东壁［D144 南壁］千臂千钵文殊菩萨图　/ 285
一六七　千手千眼观音图　绢本着色　大英博物馆藏　/ 286
一六八　千手千眼观音图　绢本着色　吉美博物馆藏　/ 287
一六九　千手千眼观音图　绢本着色　德里中亚博物馆藏　/ 288
一七〇　千手千眼观音图　绢本着色　德里中亚博物馆藏　/ 289
一七一　千手千眼观音图　绢本着色　德里中亚博物馆藏　/ 290
一七二 a　千佛洞第 72 窟右壁［D99 北壁］千手千眼观音图　/ 291
一七二 b　千手千眼观音图　麻布着色　大英博物馆藏　/ 292
一七三 a　千手千眼观音图　绢本着色　德里中亚博物馆藏　/ 293
一七三 b　千手千眼观音图　绢本着色　德里中亚博物馆藏　/ 294
一七四　千手千眼观音图　绢本着色　吉美博物馆藏　/ 295
一七五 a　千手千眼观音图　纸本着色　大英博物馆藏　/ 296
一七五 b　千手千眼观音持物图　纸本墨画　德里中亚博物馆藏　/ 297
一七六 a　千佛洞第 171A 窟右壁［D3 北壁］千手观音图　/ 298
一七六 b　千佛洞第 171A 窟左壁［D3 南壁］千手观音图　/ 299
一七七　十一面观音图　绢本着色　德里中亚博物馆藏　/ 300
一七八　十一面观音图　绢本着色　大英博物馆藏　/ 301
一七九　十一面观音图　绢本着色　大英博物馆藏　/ 302
一八〇　十一面观音图　绢本着色　吉美博物馆藏　/ 303
一八一 a　十一面观音图　纸本着色　德里中亚博物馆藏　/ 304
一八一 b　千佛洞第 102 窟右壁［D76 北壁］十一面观音图（十五种恶死图相）/ 305
一八二 a　十一面观音图　麻布着色　德里中亚博物馆藏　/ 306

一八二 b　九面观音图　纸本着色　吉美博物馆藏　/ 306
一八三 a　观世音菩萨图　绢本着色　大英博物馆藏　/ 307
一八三 b　如意轮观音图　绢本着色　大英博物馆藏　/ 308
一八四 a　千佛洞第 16 乙窟右前壁［D129 东壁门北］如意轮观音图　/ 308
一八四 b　千佛洞第 16 乙窟左前壁［D129 东壁门南］不空羂索观音图　/ 309
一八五 a　金藏菩萨图　纸本着色　大英博物馆藏　/ 310
一八五 b　宝手菩萨图　绢本着色　德里中亚博物馆藏　/ 311
一八六 a　乌枢沙摩明王图　纸本着色　大英博物馆藏　/ 312
一八六 b　马头观音图　纸本着色　吉美博物馆藏　/ 313
一八七 a　千佛洞第 120N 窟后壁［D285 西壁］婆薮仙图　/ 314
一八七 b　千佛洞第 120N 窟后壁［D285 西壁］摩醯首罗、鸠摩罗、毗那夜迦图　/ 315
一八八 a　摩醯首罗像　纸本淡彩　大英博物馆藏　/ 316
一八八 b　摩诃迦罗像　纸本淡彩　江藤涛雄藏　/ 317
一八九 a　四菩萨图　纸本　德里中亚博物馆藏　/ 318
一八九 b　那罗延天（？）像　纸本淡彩　大英博物馆藏　/ 319

第七章　/ 321

一九〇　护诸童子护符　纸本着色　大英博物馆藏　/ 322
一九一　护诸童子护符　纸本着色　大英博物馆藏　/ 323
一九二　画符　纸本着色　大英博物馆藏　/ 324
一九三 a　咒符图卷残片（表里）纸本　斯坦因携回品　/ 325
一九三 b　咒符图卷残片（表里）纸本　斯坦因携回品　/ 325
一九四 a　手印图卷　纸本　大英博物馆藏　/ 326
一九四 b　十指异名图　纸本　德里中亚博物馆藏　/ 326
一九五 a　契印图　纸本白描　德里中亚博物馆藏　/ 327

第八章　/ 329

一九五 b　龙身罗宣（？）图　纸本着色　大英博物馆藏　/ 330
一九六 a1、a2、a3、a4　金刚萨埵、金刚宝、金刚法、金刚业　纸本着色　德里中亚博物馆藏　/ 331
一九六 b　金刚因　纸本着色　德里中亚博物馆藏　/ 331
一九七 a、b、c　版画普劝供养受持笺（阿弥陀、观音、文殊）纸本　大英博物馆藏　/ 332
一九八 a　飞天图　绢本着色　卢浮宫博物馆藏　/ 334
一九八 b　地藏菩萨图　绢本着色　大英博物馆藏　/ 335

一九九 a　观相图卷　纸本白描　大英博物馆藏　/ 335
一九九 b　彩画梵夹　纸本着色　大英博物馆藏　/ 336
一九九 c　彩画梵夹　纸本着色　大英博物馆藏　/ 336
二〇〇　景教人物图　绢本着色　大英博物馆藏　/ 338
二〇一 a　菩萨图　绢本着色　德里中亚博物馆藏　/ 339
二〇一 b　菩萨图　绢本着色　大英博物馆藏　/ 339
二〇一 c　菩萨图　绢本着色　德里中亚博物馆藏　/ 339
二〇二 a　菩萨图　绢本着色　大英博物馆藏　/ 340
二〇二 b　菩萨图　绢本着色　德里中亚博物馆藏　/ 340
二〇二 c　菩萨图　绢本着色　德里中亚博物馆藏　/ 341
二〇三 a　菩萨图　绢本着色　大英博物馆藏　/ 341
二〇三 b　菩萨图　绢本着色　德里中亚博物馆藏　/ 341
二〇三 c　菩萨图　绢本着色　大英博物馆藏　/ 342
二〇三 d　菩萨图　绢本着色　德里中亚博物馆藏　/ 342
二〇四 a　菩萨图　纸本淡彩　/ 343
二〇四 b　菩萨图　纸本淡彩　大英博物馆藏　/ 344
二〇五 a　菩萨图　绢本着色　大英博物馆藏　/ 345
二〇五 b　菩萨图　绢本着色　大英博物馆藏　/ 345
二〇六 a　菩萨图　绢本着色　大英博物馆藏　/ 346
二〇六 b　如意轮观音图　绢本着色　德里中亚博物馆藏　/ 347
二〇七 a　菩萨图　绢本着色　大英博物馆藏　/ 348
二〇七 b　菩萨图　绢本着色　德里中亚博物馆藏　/ 349
二〇七 c　菩萨图　绢本着色　德里中亚博物馆藏　/ 349
二〇八 a　天王图　绢本着色　大英博物馆藏　/ 350
二〇八 b　天王图　绢本着色　大英博物馆藏　/ 351
二〇九 a　千佛洞第 120N 窟壁画［D285 北壁］　/ 352
二〇九 b　千佛洞第 120N 窟壁画［D285 北壁］　/ 353
二一〇 a　千佛洞第 135 窟壁画［D428 南壁］　/ 355
二一〇 b　千佛洞第 126B 窟壁画［D296 西壁］日月两象图　/ 357
二一一 a　千佛洞第 120N 窟天井［D285 窟顶东披］　/ 358
二一一 b　千佛洞第 103 窟［D251］内景　/ 359
二一二 a　千佛洞第 120N 窟壁画［D285 西壁］月天及其他　/ 360
二一二 b　千佛洞第 120N 窟壁画［D285 南壁］　/ 361
二一三 a　千佛洞第 77 窟壁画［D285 东壁与东披］诸佛图　/ 362
二一三 b　千佛洞第 139A 壁画［D321 东壁］诸佛图　/ 363
二一四 a　千佛洞第 19 窟壁画［D158 东壁］净土变相　/ 364

二一四 b　千佛洞 S 第 7 窟壁画［D55 甬道南壁］行道菩萨　/ 365
二一五 a　千佛洞第 74 窟壁画［D98 东壁门南］于阗国王李圣天及一族像　/ 366
二一五 b　千佛洞第 117 窟壁画［D61 东壁门北］于阗国王第三女天公主李氏像及其他　/ 367
二一六 a　比丘图　绢本着色　吉美博物馆藏　/ 368
二一六 b　观世音菩萨图　绢本着色　德里中亚博物馆藏　/ 369
二一七 a　祇树给独孤园图（《金刚般若波罗蜜多经》卷头）　纸本　大英博物馆藏　/ 370
二一七 b　观音菩萨图　绢本着色　大英博物馆藏　/ 371
二一八 a　观音菩萨图　绢本着色　大英博物馆藏　/ 372
二一八 b　弥勒佛图（榜题：当来不住弥勒导师）（天福四年）　绢本着色　大英博物馆藏　/ 373
二一九 a　弥勒佛图　绢本着色　卢浮宫博物馆藏　/ 374
二一九 b　观音菩萨图　绢本着色　长尾钦弥藏　/ 375
二二〇 a　救苦观音菩萨图　版画　大英博物馆藏　/ 376
二二〇 b　释迦如来（？）图　绢本着色　德里中亚博物馆藏　/ 376
二二一 a　释迦如来图　绢本着色　大英博物馆藏　/ 377
二二一 b　观音菩萨图　绢本着色　吉美博物馆藏　/ 378
二二二 a　长幡残片　绢本着色　大英博物馆藏　/ 379
二二二 b　观音菩萨图　绢本着色　山中商会藏　/ 379
二二三 a　观音菩萨图　绢本着色　大英博物馆藏　/ 380
二二三 b　观音菩萨图　绢本着色　大英博物馆藏　/ 381
二二四 a　牵引马骆驼图　纸本淡彩　大英博物馆藏　/ 382
二二四 b　乾德四年文书　纸本　大英博物馆藏　/ 384

第一章

一 a 千佛洞第 139A 窟右壁［D321 北壁］观经变相

329

一 b　千佛洞第 144 窟右壁［D329 北壁］阿弥陀净土变相

二a 观经变相 绢本着色 德里中亚博物馆藏

二 b 千佛洞 S 第 3A 窟壁画［D334 北壁］阿弥陀净土变相

三 a 千佛洞第 122 窟壁画［D44 北壁］观经变相

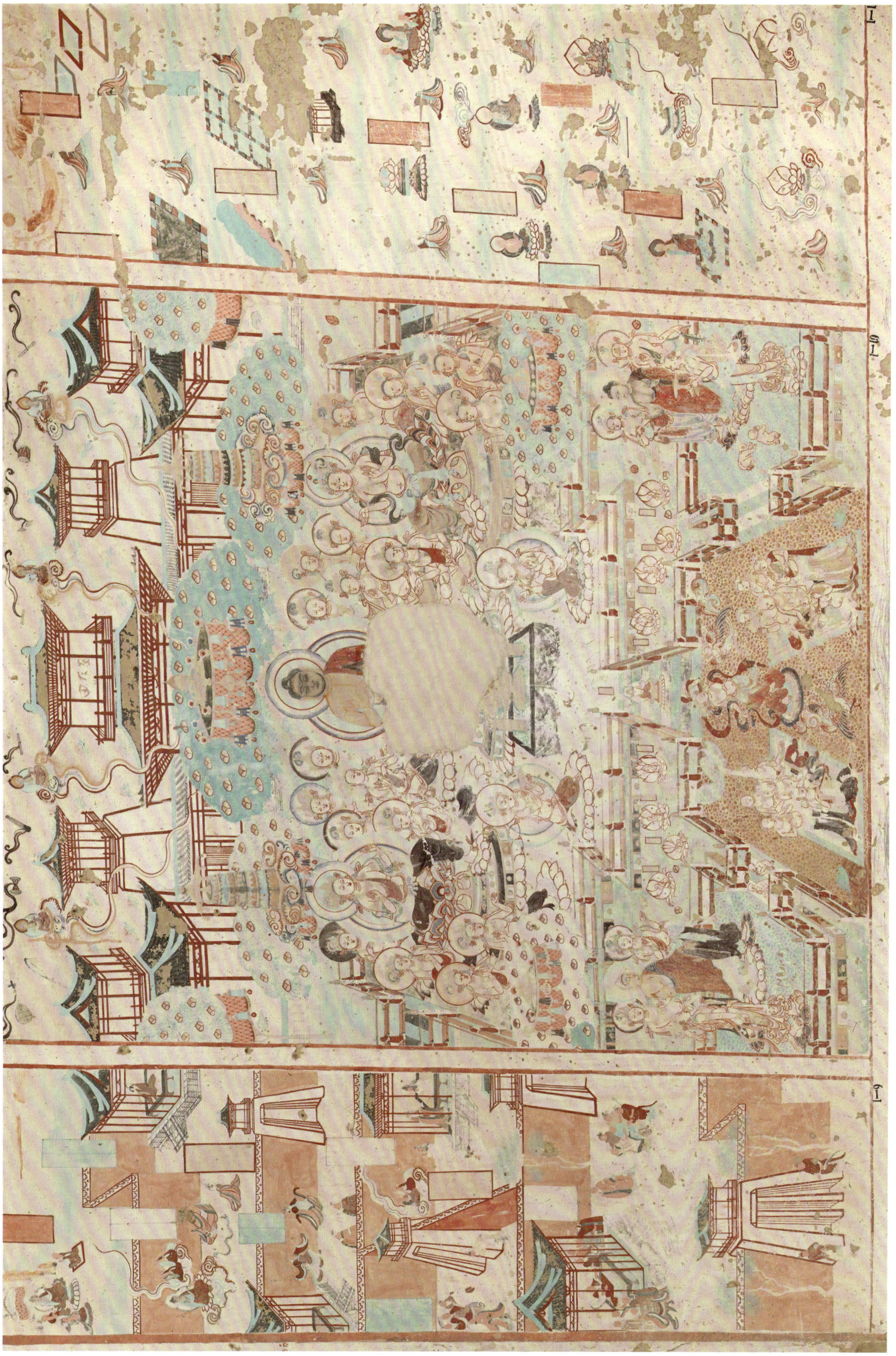

三 b 千佛洞第 53b 窟右壁［D197 北壁］观经变相

四 a 千佛洞第 59 窟右壁［D201 北壁］观经变相

四 b 千佛洞第 51e 窟右壁［D194 北壁］观经变相

五 a 千佛洞第 14 窟左侧龛［D154 北壁］观经变相

五 b 千佛洞第 120G 窟右壁［D45 北壁］观经变相

六 a 千佛洞第 139A 窟左壁［D152 北壁］观经变相

六 b 千佛洞第 34 窟左壁［D113 南壁］观经变相

七 a 千佛洞第 114 窟右壁［D66 北壁］观经变相

七 b 千佛洞第 44 窟左壁［D120 南壁］观经变相

八 a 千佛洞第 31 窟左壁［D171 南壁］观经变相

八 b 千佛洞第 31 窟右壁［D171 北壁］观经变相

九 观经变相 绢本着色 德里中亚博物馆藏

一〇 观经变相 绢本着色 德里中亚博物馆藏

一一 观经变相 绢本着色 大英博物馆藏

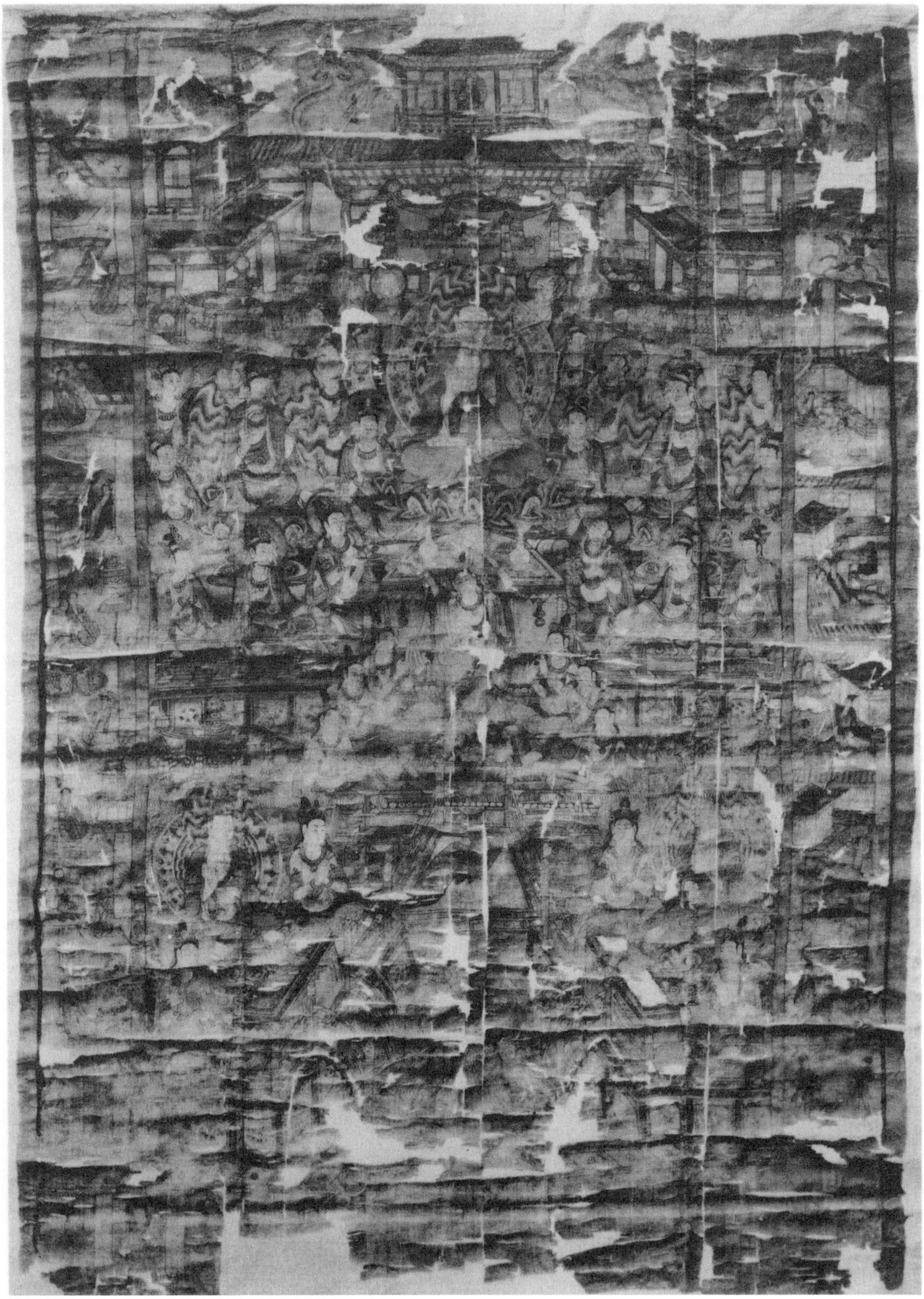

一二 观经变相 绢本着色 德里中亚博物馆藏

一三 观经变相 绢本着色 德里中亚博物馆藏

一四 观经变相 绢本着色 德里中亚博物馆藏

一五 观经变相 绢本着色 吉美博物馆藏

一六 观经变相 绢本着色 吉美博物馆藏

一七 a1 观经变相残片　绢本着色　大英博物馆藏

一七 a2 观经变相残片　绢本着色　大英博物馆藏

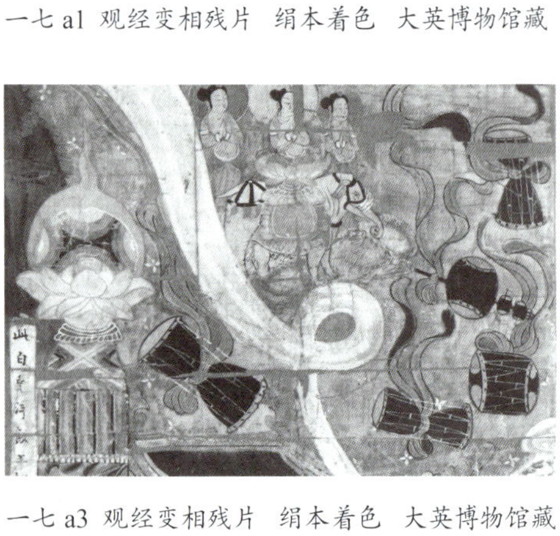

一七 a3 观经变相残片　绢本着色　大英博物馆藏

一七 b　千佛洞第 146 窟左前壁［D332 东壁门南］阿弥陀净土变相

一八 a 千佛洞第 117 窟左壁［D61 南壁］阿弥陀浄土变相

一八 b 千佛洞第 18 窟左壁［D128 北壁］阿弥陀净土变相

一九 a 千佛洞第 33 窟右壁［D172 北壁］观经变相

一九 b 千佛洞第 70 窟右壁［D217 北壁］观经变相

二〇 a 千佛洞第 33 窟左壁［D172 南壁］观经变相

二〇 b 千佛洞第 54 窟右壁［D103 北壁］观经变相

二一 a 千佛洞第 130 窟壁画［D231 西壁南侧］观经变相

二一 b 千佛洞第 130 窟壁画［D231 南壁］观经变相

二二 a 附图一六观经变相下段一部 吉美博物馆藏

二二 b 观经变序分图及十六观图 纸本 大英博物馆藏

二三 a 千佛洞第 117 窟右壁［D61 北壁］药师净土变相

二三 b 千佛洞第 8 窟右壁［D146 北壁］药师净土变相

二四 a 千佛洞第 168 窟右壁［D6 北壁］药师净土变相

二四 b 千佛洞第 46 窟右壁［D112 北壁］药师净土变相

二五 a 千佛洞第 41 窟左壁［D180 南壁］药师净土变相

二五 b 千佛洞第 51c 窟右壁［D192 北壁］药师净土变相

二六 药师净土变相 绢本着色 大英博物馆藏

二七 药师净土变相 绢本着色 德里中亚博物馆藏

二八 a 附图二六药师净土变相九横死图相 绢本着色 大英博物馆藏

二八 b 药师如来图 绢本着色 大英博物馆藏

二九 a 药师文殊普贤图 绢本着色 大英博物馆藏

二九 b 千佛洞第 17 乙窟右壁［D156 北壁］药师净土变相

三〇 a 千佛洞第 117 窟左壁［D61 南壁］弥勒净土变相

三〇 b 千佛洞第 8 窟左壁［D146 南壁］弥勒净土变相

三一 a 千佛洞第 74 窟左壁［D98 南壁］弥勒净土变相

三一 b 千佛洞 S 第 12 窟天井西壁［D156 窟顶西披］弥勒净土变相

三二 弥勒净土变相 绢本着色 大英博物馆藏

三三 a 千佛洞第 168 窟左壁［D6 南壁］法华经变相

三三 b 千佛洞第 8 窟左壁［D146 南壁］法华经变相

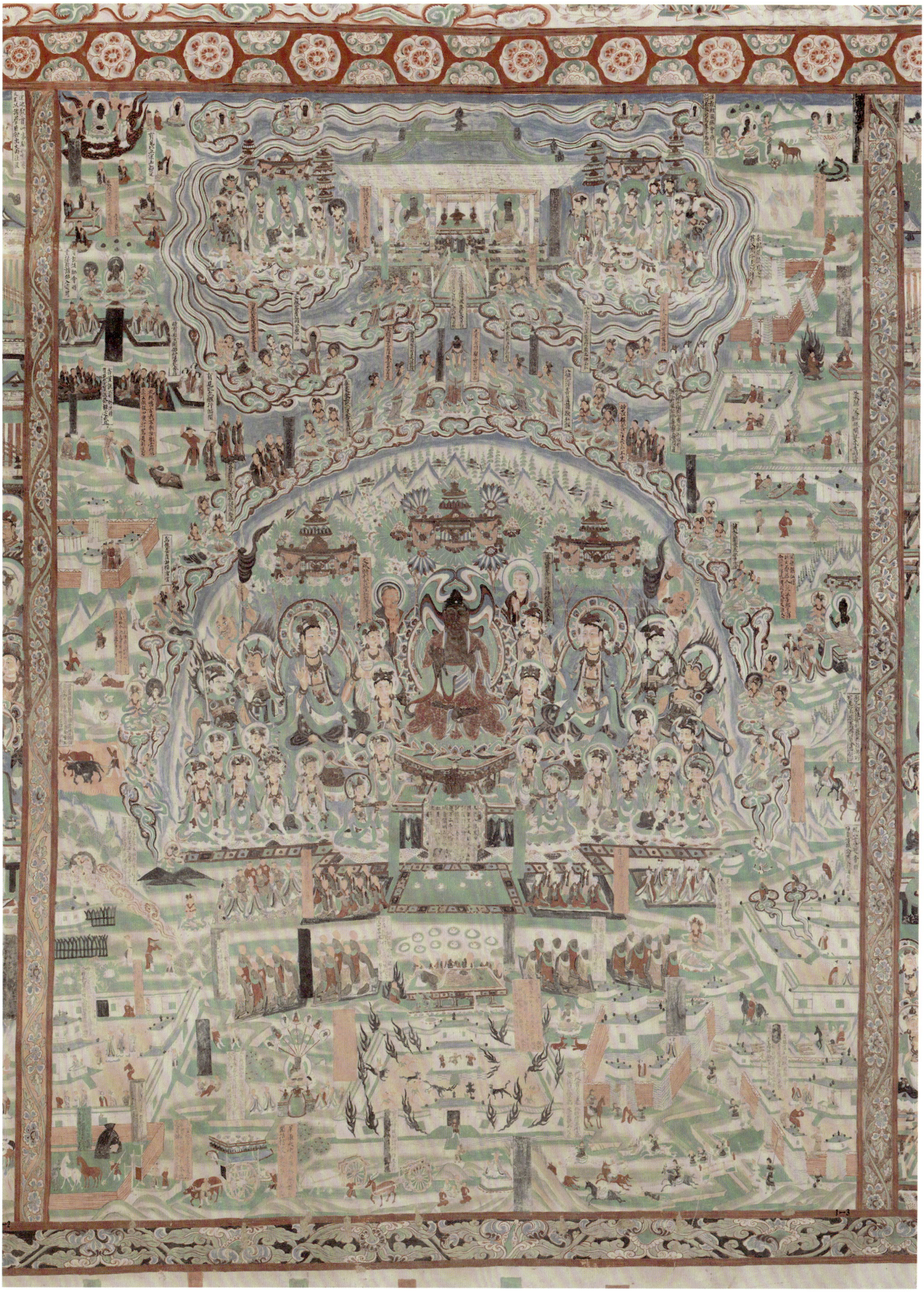

三四 a 千佛洞第 117 窟左壁 [D61 南壁] 法华经变相

三四 b 千佛洞第 74 窟左壁［D98 南壁］法华经变相

三五 a 千佛洞第 81 窟左壁［D231 南壁］法华经变相

三五 b 千佛洞第 118F 窟左壁［D55 南壁］普门品变相

三六 a 千佛洞第 104 窟右壁［D74 北壁］普门品变相

三六 b 千佛洞第 118F 窟天井［D55 窟顶南披］法华经变相

三七 a 千佛洞第 70 窟东壁入口左侧［D217 东壁门南］普门品变相

三七 b 千佛洞第 70 窟东壁入口右侧 [D217 东壁门北] 普门品变相

三八 a 千佛洞第 102 窟左壁［D76 南壁东侧］法华经变相

三八 b 千佛洞第 102 窟左壁［D76 南壁］法华经变相

三九 a 千佛洞第 120N 窟壁画［D285 南壁］多宝、释迦并坐像

三九 b 千佛洞第 120G 窟里壁［D45 西壁龛顶］多宝、释迦并坐像

三九c 千佛洞第135C窟里壁［D31西壁龛顶］多宝、释迦并坐像

三九 d 千佛洞第 111 窟里壁［D259 西龛］多宝、释迦正面并坐像

四〇 a 千佛洞第 97 窟里壁［D246 中心柱东向面］多宝、释迦正面并坐像

四〇 b 千佛洞第 135F 窟里壁［D27 西壁］多宝、释迦正面并坐像

四〇 c 千佛洞第 120G 窟左壁［D45 南壁］普门品变相

四一 a 千佛洞第 71 窟左壁［D205 南壁］普门品变相

四一 b 普门品变相 绢本着色 吉美博物馆藏

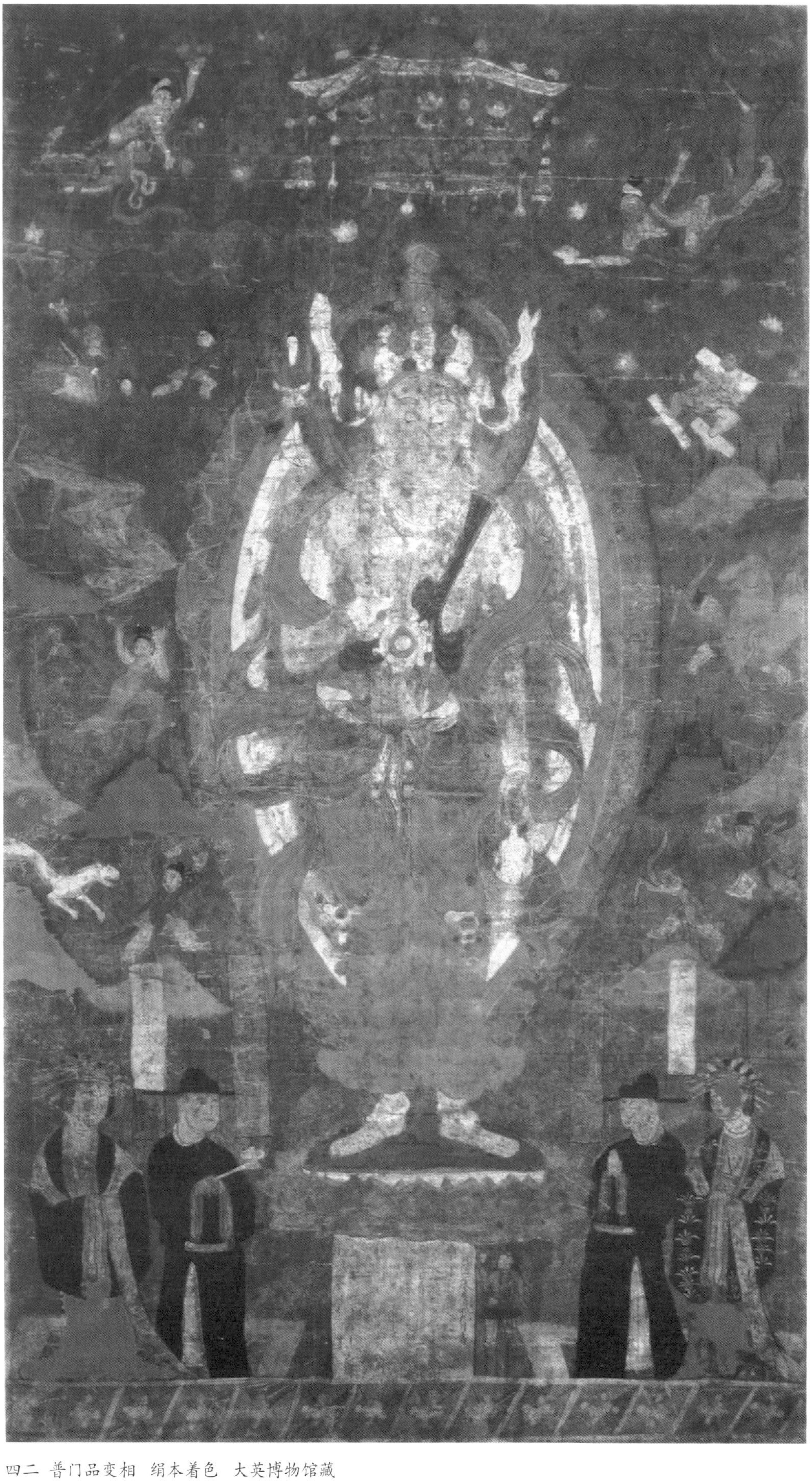

四二 普门品变相 绢本着色 大英博物馆藏

四三 a 普门品变相 绢本着色 波士顿艺术博物馆藏

四三 b 普门品变相 绢本着色 大英博物馆藏

四四 a 普门品变相 绢本着色 大英博物馆藏

四四 b 普门品变相 绢本着色 卢浮宫博物馆藏

四五 普门品变相 麻布着色 大英博物馆藏

四六 a 千佛洞第 149 窟右壁［D335 北壁］维摩经变相

四六b 千佛洞第1窟左前壁［D138东壁］维摩经变相

四七 a 千佛洞第 8 窟右前壁［D146 东壁门北］维摩经变相

四七 b 千佛洞第 8 窟右前壁［D146 东壁门南］维摩经变相

四八 a 千佛洞第 84 窟右前壁［D237 东壁门北］维摩经变相

四八 b 千佛洞第 84 窟左前壁［D237 东壁门南］维摩经变相

四九 a 千佛洞第 52 窟右前壁 [D108 东壁门北] 维摩经变相

四九 b 千佛洞第 52 窟左前壁［D108 东壁门南］维摩经变相

五〇 a 千佛洞第 117 窟右前壁［D61 东壁门北］维摩经变相

五〇 b 千佛洞第 117 窟左前壁［D61 东壁门南］维摩经变相

大朝大寶于

五一 a 千佛洞第 74 窟左前壁［D98 东壁］维摩经变相（左半）

五一 b 千佛洞 S 第 6 窟正面龛侧［D335 西壁龛内］维摩经变相

五二 a 千佛洞第 67 窟正面龛侧［D203 西壁龛外］维摩经变相

五二 b 千佛洞第 168 窟左前壁［D6 东壁门北］维摩经变相

五二 c 千佛洞第 168 窟右前壁［D6 东壁门南］维摩经变相

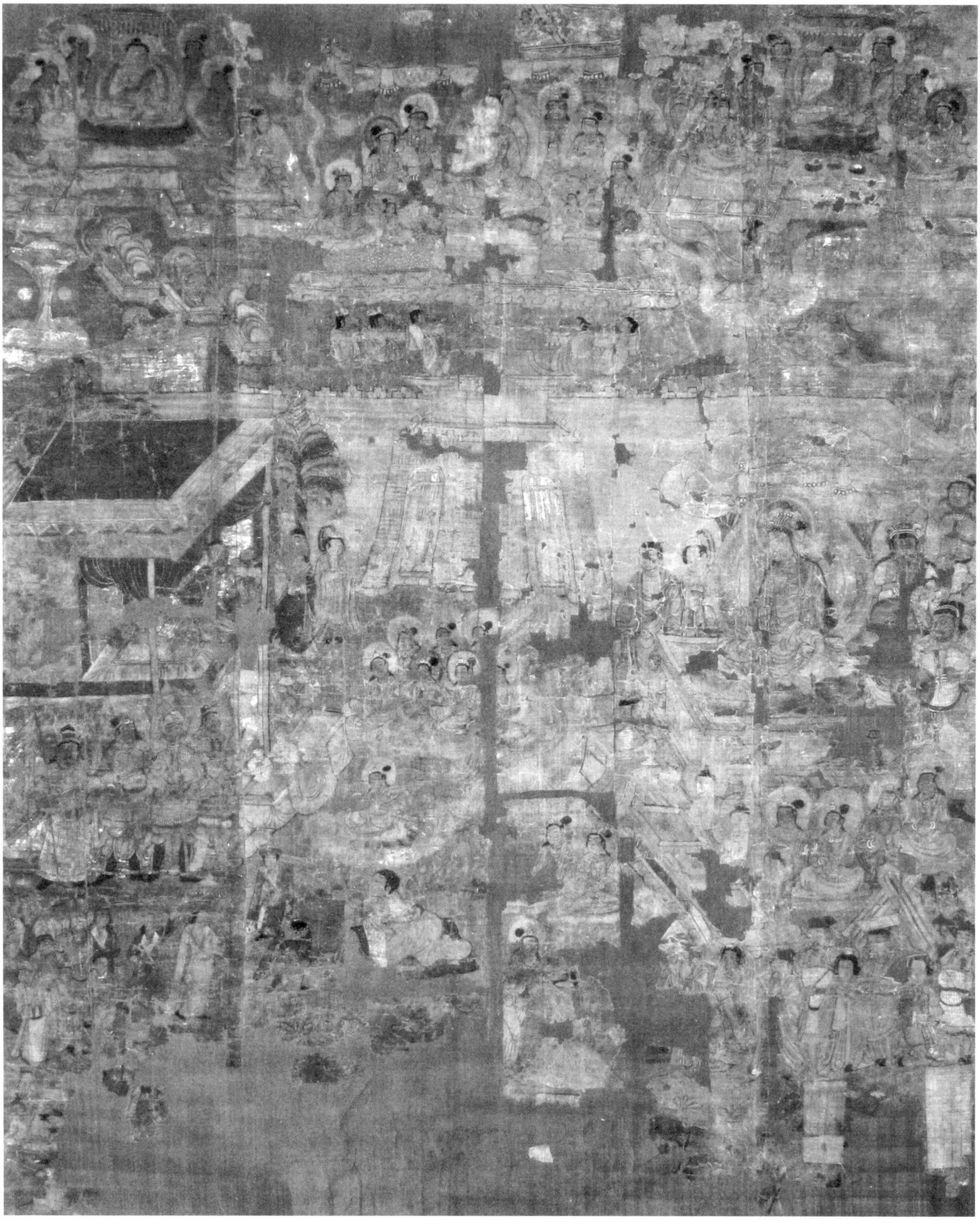

五三 维摩经变相 绢本着色 大英博物馆藏

五四 a 维摩经变相 纸本着色 大英博物馆藏

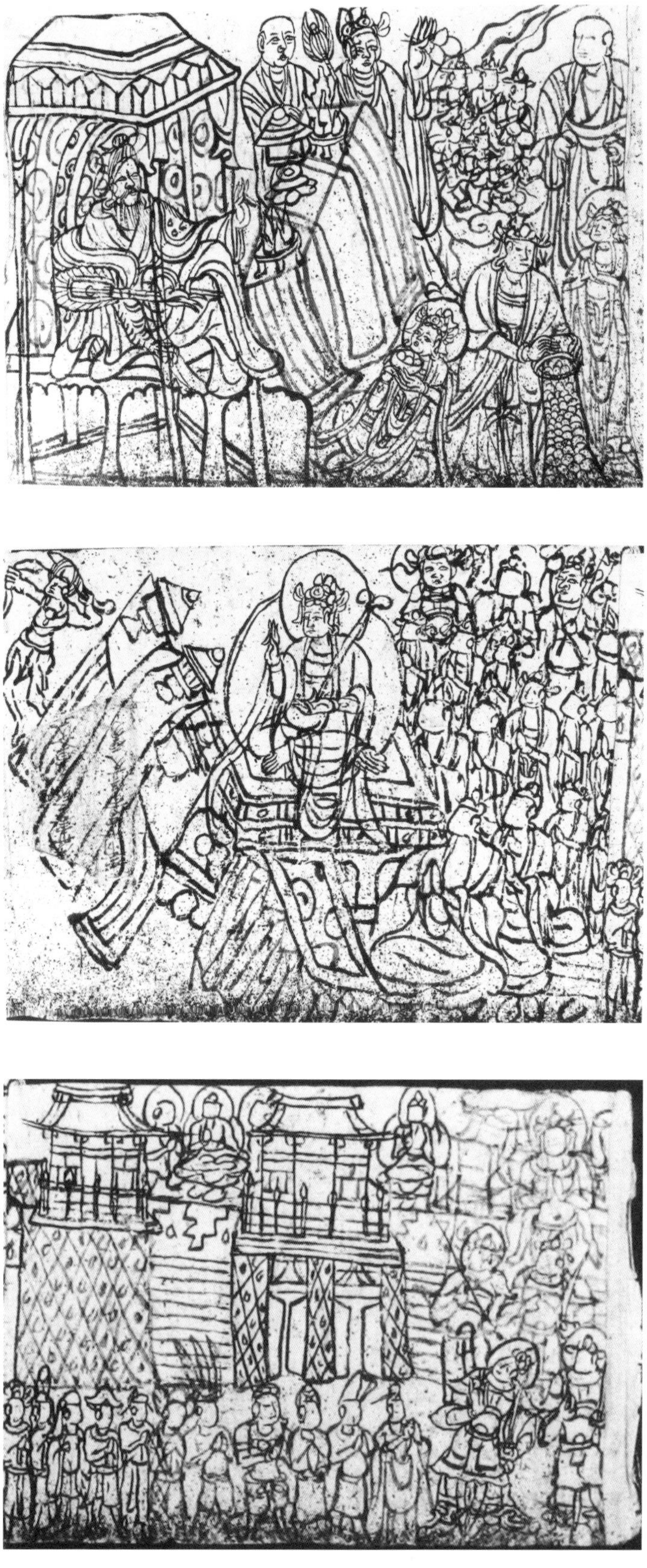

五四 b 维摩经变相 纸本墨画 大英博物馆藏

五五 a 千佛洞第 8 窟左壁［D146 南壁］报恩经变相

五五 b 千佛洞第 117 窟左壁［D61 南壁］报恩经变相

五六 a 千佛洞 S 第 2 窟左壁［D4 南壁］报恩经变相

五六 b 千佛洞第 46 窟右壁［D112 北壁］报恩经变相

五七 a 千佛洞第 74 窟左壁［D98 南壁］报恩经变相

五七 b 千佛洞第 14 窟左壁［D154 北壁］报恩经变相

五八 报恩经变相 绢本着色 大英博物馆藏

五九 报恩经变相 绢本着色 大英博物馆藏

六〇 a 附图五八报恩经变相外缘一部 绢本着色 大英博物馆藏

六〇b 附图五九报恩经变相外缘一部 绢本着色 大英博物馆藏

六一 a 千佛洞第 84 窟里壁［D237 西壁］报恩经变相

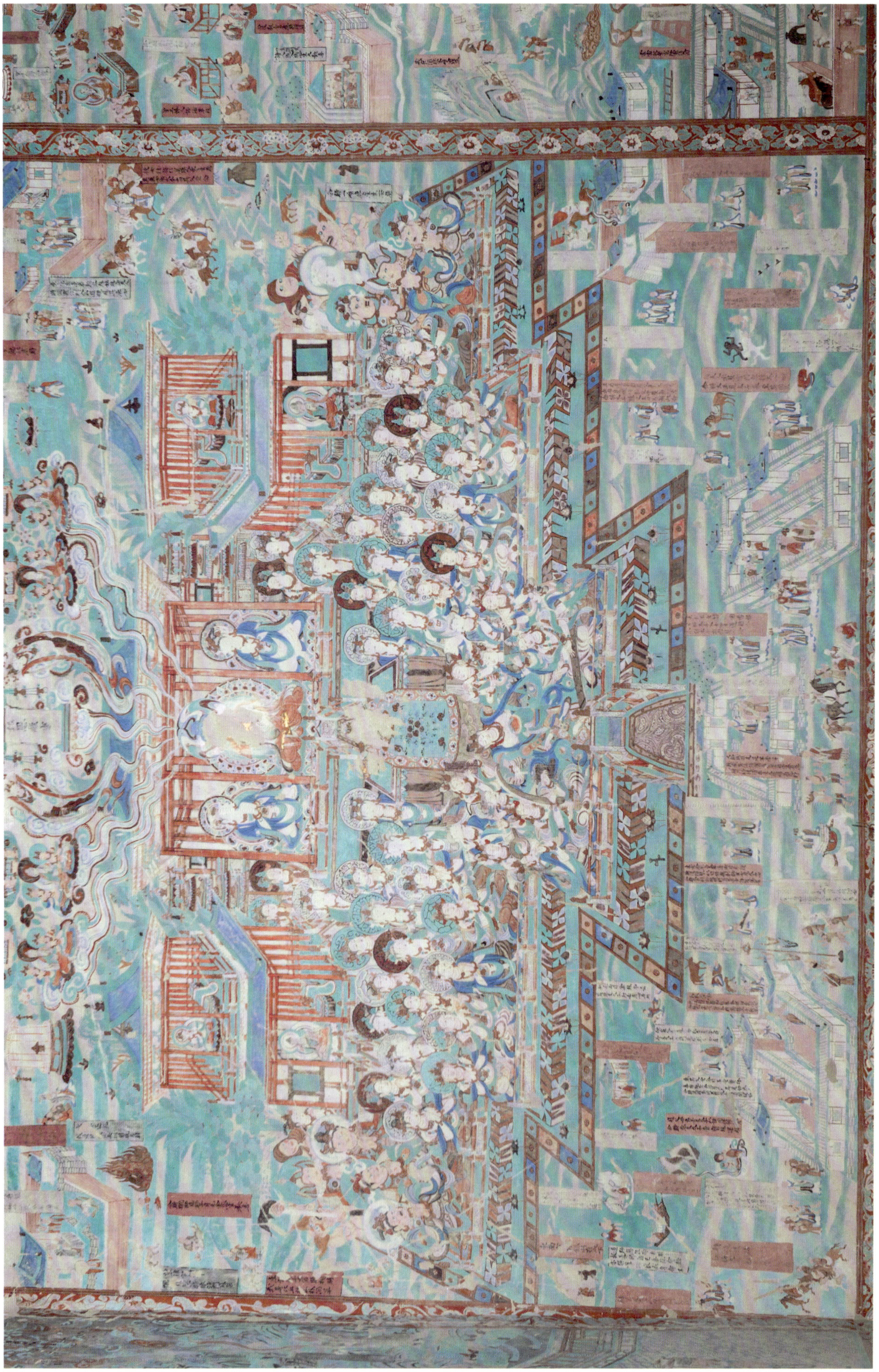

六一 b 千佛洞第 74 窟右壁［D98 南壁］报恩经变相

六二 a 千佛洞第 81 窟里壁［D231 西壁］报恩经变相

六二 b 千佛洞第 17 乙窟右壁［D156 北壁］报恩经变相（下段曲伎舞踊）

六三 a 千佛洞第 117 窟右壁［D61 北壁］华严经变相

六三 b 千佛洞第 8 窟右壁［D146 北壁］华严经变相

六四 a 千佛洞第 168 窟右壁［D6 北壁］华严经变相

六四 b 千佛洞第 118F 窟天井北侧［D55 窟顶北披］华严经变相

六五 千佛洞第 102 窟右壁［D76 北壁］华严经变相

六六 父母恩重经变相 绢本着色 大英博物馆藏

六七 a 千佛洞第 8 窟后壁［D146 西壁南侧］牢度叉斗圣变相之舍利弗

六七 b 千佛洞第 8 窟后壁［D146 西壁北侧］牢度叉斗圣变相下段

六八a 千佛洞第138窟天井南侧［D25窟顶南披］华严经变相

六八 b　千佛洞第 74 窟后壁［D98 西壁］牢度叉斗圣变相（右半）

六九 a 千佛洞第 63 窟后壁［D196 西壁］牢度叉斗圣变相

六九 b 千佛洞第 118F 窟后壁［D55 西壁］及彩塑

七〇 a 千佛洞第 52 窟后壁［D108 西壁］及彩塑

七〇 b 千佛洞第 167 窟左壁［D9 南壁］牢度叉斗圣变相

七一 a 千佛洞第 149 窟后壁［D335 西龛］牢度叉斗圣变相

七一 b 万佛峡 S 第 2 窟壁画［榆林窟第 32 窟东南壁］牢度叉斗圣变相

第二章

七二 a 佛传图（燃灯佛授记、三苦）绢本着色 大英博物馆藏

七二 b 佛传图（入胎、摩耶出游）绢本着色 大英博物馆藏

七三 a 佛传图(白象待机、在天菩萨、菩萨降神)
绢本着色 德里中亚博物馆藏

七三 b 佛传图(入胎、摩耶出游、太子降诞、七步狮子吼)绢本着色 德里中亚博物馆藏

七三 c 佛传图（灌顶、七步狮子吼）绢本着色 大英博物馆藏

七四 a 佛传图（七宝、灌顶、七步狮子吼） 绢本着色 大英博物馆藏

七四 b 佛传图（七宝） 绢本着色 大英博物馆藏

七四 c 佛传图（诸兽生子） 绢本着色 大英博物馆藏

七五 a 佛传图（斫断多罗树、射铁鼓、书算） 绢本着色 卢浮宫博物馆藏

七五 b 佛传图（书算、相扑、角力、掷象） 绢本着色 德里中亚博物馆藏

七五 c 佛传图（佛、学习）
绢本着色 大英博物馆藏

七六 a 佛传图（出逢老人、道见病人）绢本着色 大英博物馆藏

七六 b 佛传图（出逢老人、道见病人、路逢死尸、北门逢比丘）绢本着色 卢浮宫博物馆藏

七七 a 佛传图（采女歌舞、出家） 绢本着色 大英博物馆藏

七七 b 佛传图（出家、搜索、侍卫禁缚、王师归还） 绢本着色 德里中亚博物馆藏

七八 a 佛传图（太子出家、采女昏眠、卫士昏睡、协议）绢本着色 德里中亚博物馆藏

七八 b 佛传图（山中太子、追寻、频毗娑罗归佛） 绢本着色 德里中亚博物馆藏

七八 c 佛传图（诀别、犍陟下山、追寻）绢本着色 大英博物馆藏

七九 a 佛传图（犍陟诀别、太子剃发、苦行） 绢本着色 大英博物馆藏

七九 b 佛传图（雷雨、苦行、尼连河澡浴） 绢本着色 大英博物馆藏

八〇 a 佛传图 绢本着色 大英博物馆藏

八〇 b 佛传图 绢本着色 德里中亚博物馆藏

八一 a 千佛洞第 135 窟右壁［D428 北壁］佛传图

八一 b 千佛洞第 17 乙窟前室天井［D156 前室窟顶］降魔变相

八二 降魔变相 绢本着色 吉美博物馆藏

八三 a 千佛洞第 102 窟壁画［D76 东壁门南］佛传图

八三 b 千佛洞第 102 窟壁画［D76 东壁门北］佛传图

八四 a 千佛洞第 117 窟右壁［D61 北壁］佛传图

八四 b 千佛洞第 146 窟左壁［D332 南壁］佛传图

八五 a 千佛洞第 135 窟后壁［D428 西壁］涅槃图

八五 b 千佛洞第 126b 窟天井［D295 窟顶西披］涅槃图

八六 a 千佛洞第 19 乙窟 [D158] 入涅槃巨像后壁来会诸众图

八六 b 千佛洞第 19 乙窟［D158］入涅槃巨像后壁来会诸众图

八七a 千佛洞第19乙窟［D158］入涅槃巨像后壁四天王天龙八部及其他

八七b 千佛洞第19乙窟［D158］入涅槃巨像后壁来会诸众图

八八a 千佛洞第135窟右前壁［D428东壁门北］须大拏本生及猕猴本生图

八八 b 千佛洞第 135 窟左前壁［D428 东壁门南］摩诃萨埵本生图

八九 a　千佛洞第 110 窟左壁［D257 西壁］鹿王本生图

八九b 千佛洞第74窟左壁［D98南壁］尸毗王本生及摩诃萨埵本生图

九〇 a 千佛洞第 8 窟左壁 [D146 南壁] 净土变及本生图

九〇 b 千佛洞第 117 窟左壁［D61 南壁］须弥、诸佛、诸本生图

第三章

九一 a 附图五九报恩经变相中卢舍那佛图 绢本着色 大英博物馆藏

九一 b 千佛洞第 135C 窟右壁［D31 南壁］卢舍那佛图

九二 a 千佛洞第 135 窟左壁［D428 南壁］卢舍那佛图

九二 b 千佛洞第 101 窟壁画［D249 窟顶西披］须弥侧阿修罗图

九二 c 千佛洞第 84 窟佛龛天井斜面［D237 西龛内顶西披］双身佛像

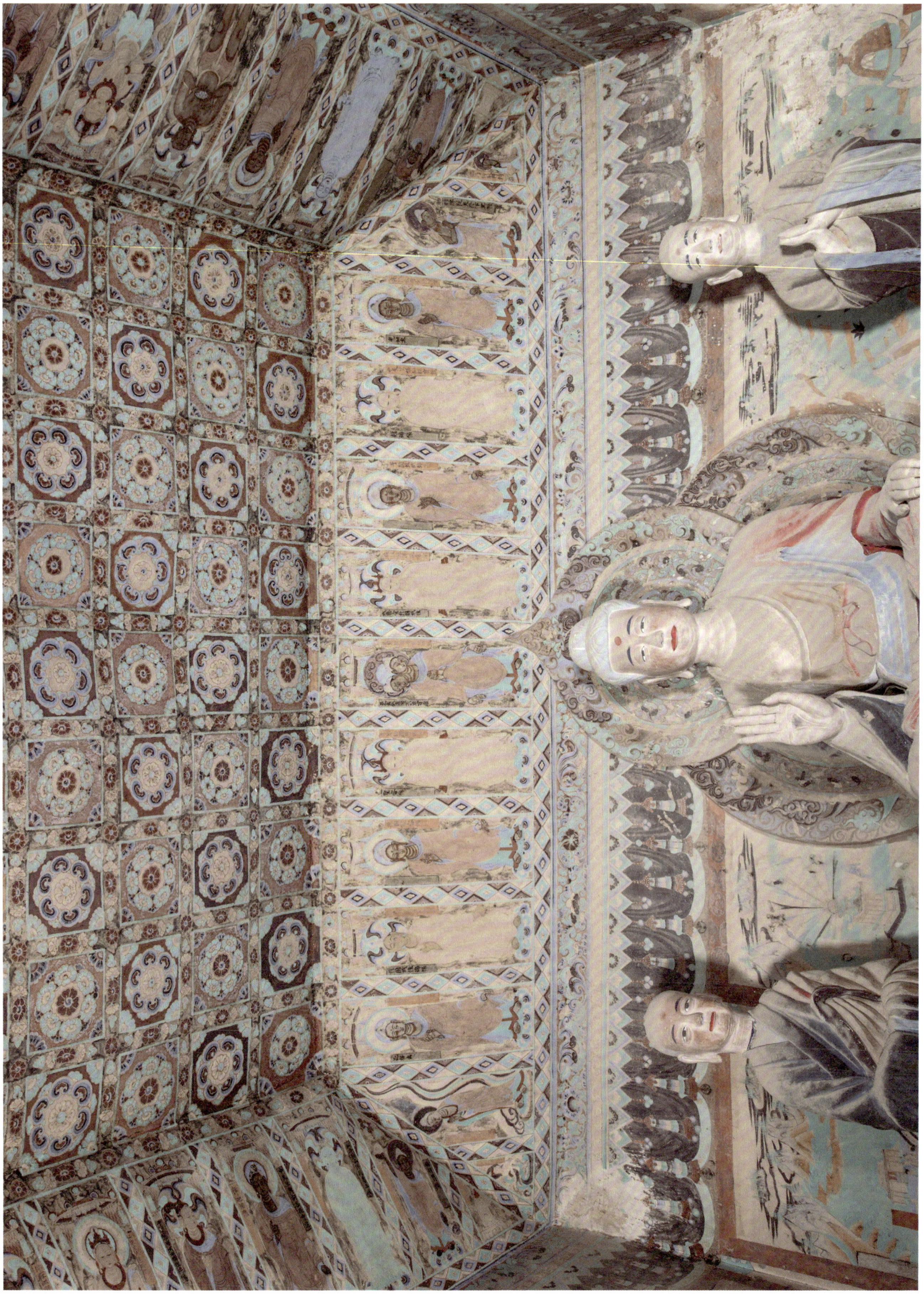

九三 a 千佛洞第 81 窟佛龛天井斜面［D231 西龛内顶西披］双身佛及诸佛图

九三 b 千佛洞第 64 窟左壁［D220 南壁］双身佛及诸佛图

九四 a 灵山释迦说法图 绢本着色 德里中亚博物馆藏

九四 b 千佛洞第 67 窟正面［D203 西壁］灵山释迦说法塑像

九五 a 灵山释迦说法图 刺绣 大英博物馆藏

九五 b 灵山释迦说法图残片 绢本着色 大英博物馆藏

九六 a 炽盛光佛及五星图 绢本着色 大英博物馆藏

九六 b 千佛洞第 117 窟壁画［D61 甬道南壁］炽盛光佛图

九七 a 水月观音图 纸本着色 卢浮宫博物馆藏

九七 b 水月观音图 纸本着色 大英博物馆藏

九八 a 水月观音图 绢本着色 大英博物馆藏

九八 b 水月观音图（附图一六八千手观音图下段）（天福八年） 绢本着色 吉美博物馆藏

九九 a 延受命菩萨图 绢本着色 卢浮宫博物馆藏

九九 b 延寿命菩萨图 绢本着色
大英博物馆藏

一〇〇a 无障碍菩萨图 绢本着色 德里中亚博物馆藏

一〇〇b 常举手菩萨图 绢本着色 德里中亚博物馆藏

一〇〇c 延受命菩萨图 麻布着色 大英博物馆藏

一〇〇d 不休息菩萨图 绢本着色 朝鲜总督府博物馆藏

一〇一 引路菩萨图 绢本着色 大英博物馆藏

一〇二 引路菩萨图 绢本着色 大英博物馆藏

一〇三 a　引路菩萨图　绢本着色　吉美博物馆藏

一〇三b 引路菩萨图 绢本着色 卢浮宫博物馆藏

一〇四a 引路菩萨图 纸本着色 吉美博物馆藏

一〇四 b 引路菩萨图（附图一〇八地藏十王图下段，太平兴国八年）纸本着色 吉美博物馆藏

一〇五 被帽地藏菩萨图 绢本着色 大英博物馆藏

一〇六a 被帽地藏菩萨图 绢本着色 德里中亚博物馆藏

一〇六 b 被帽地藏菩萨图 绢本着色 大英博物馆藏

一〇七a 被帽地藏菩萨图 绢本着色 吉美博物馆藏

一〇七 b　千佛洞第 14 窟壁画［D154 北壁］被帽地藏菩萨图

一〇八 地藏十王图 绢本着色 吉美博物馆藏

一〇九 地藏十王图 绢本着色 德里中亚博物馆藏

一一〇 a 地藏十王图 绢本着色 大英博物馆藏

一一〇 b 地藏十王图 绢本着色 大英博物馆藏

一一一a 地藏十王图 绢本着色 德里中亚博物馆藏

一一一b 地藏十王图 绢本着色 吉美博物馆藏

一一二 a 地藏十王图 绢本着色 吉美博物馆藏

一一二 b 地藏十王图 绢本着色 吉美博物馆藏

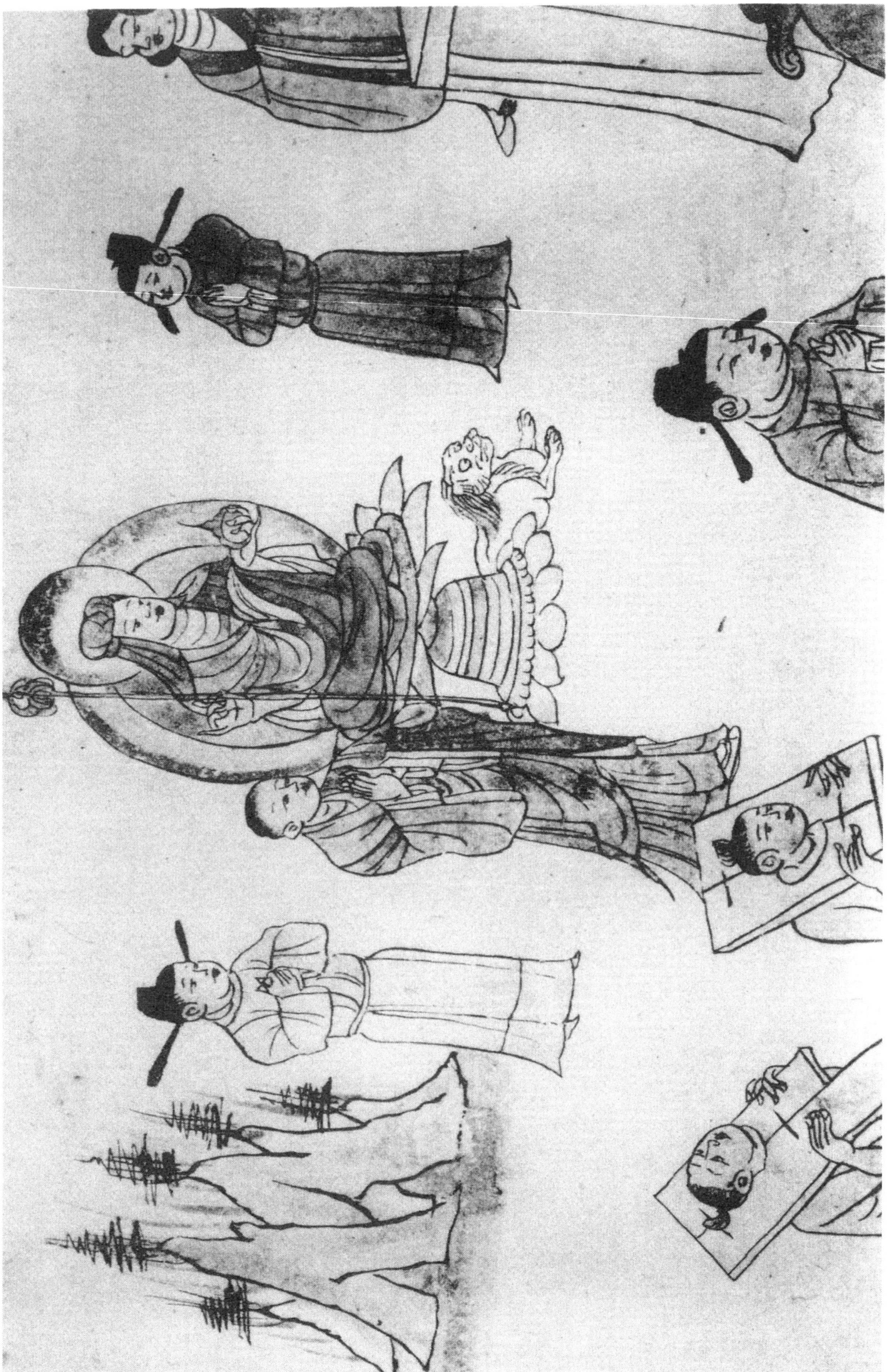

一一三a 附图一一七、附图一一八十王经图卷中被帽地藏菩萨图

一一三 b 被帽地藏菩萨图（附图一七四千手观音图下段） 绢本着色 吉美博物馆藏

一一四 a 十王经图卷残片 纸本淡彩 大英博物馆藏

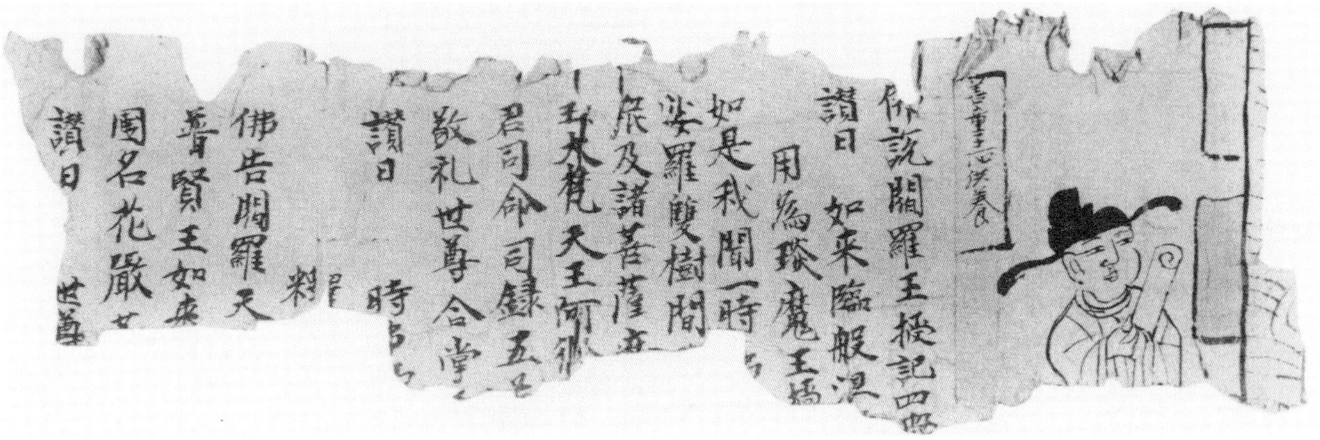

一一四 b 十王经图卷残片 纸本淡彩 大英博物馆藏

一一五 a 十王经图卷 纸本淡彩 大英博物馆藏

一一五 b 十王经图卷 纸本淡彩 大英博物馆藏

一一六 a 十王经图卷 纸本淡彩 大英博物馆藏

一一六 b 十王经图卷 纸本淡彩 大英博物馆藏

一一七 a 十王经图卷 纸本淡彩 山中商会藏

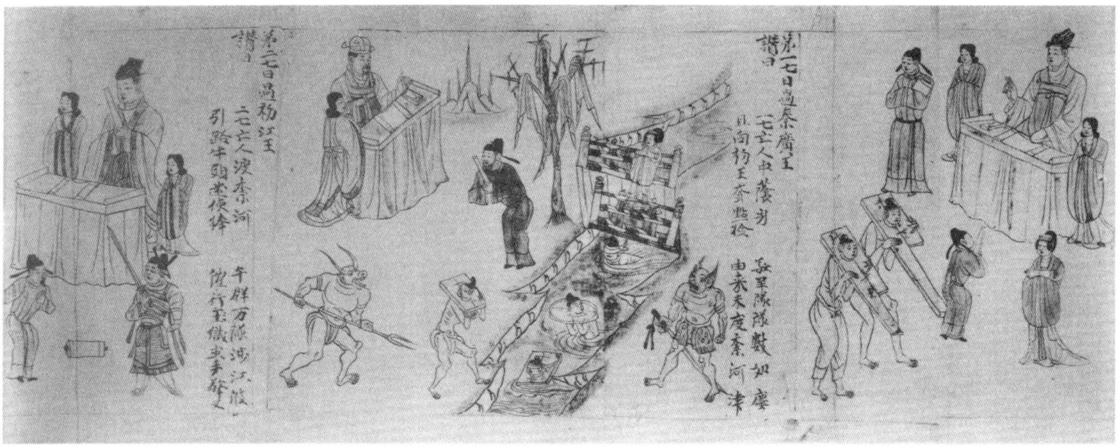

一一七 b 十王经图卷 纸本淡彩 山中商会藏

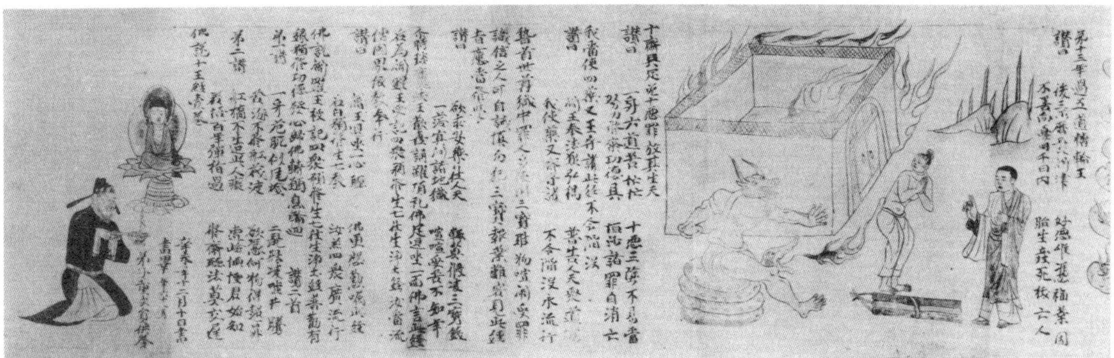

一一八 十王经图卷 纸本淡彩 山中商会藏

一一九 a 兜跋毗沙门天像 绢本着色 大英博物馆藏

一一九 b 千佛洞第 14 窟左侧龛内［D154 南壁］兜跋毗沙门天像

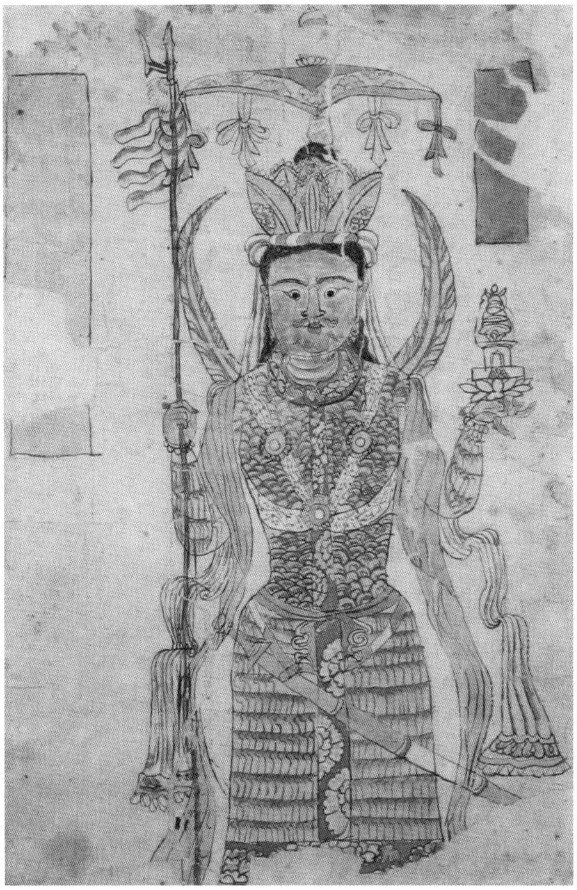

一二〇 a 兜跋毗沙门天像　纸本着色　吉美博物馆藏

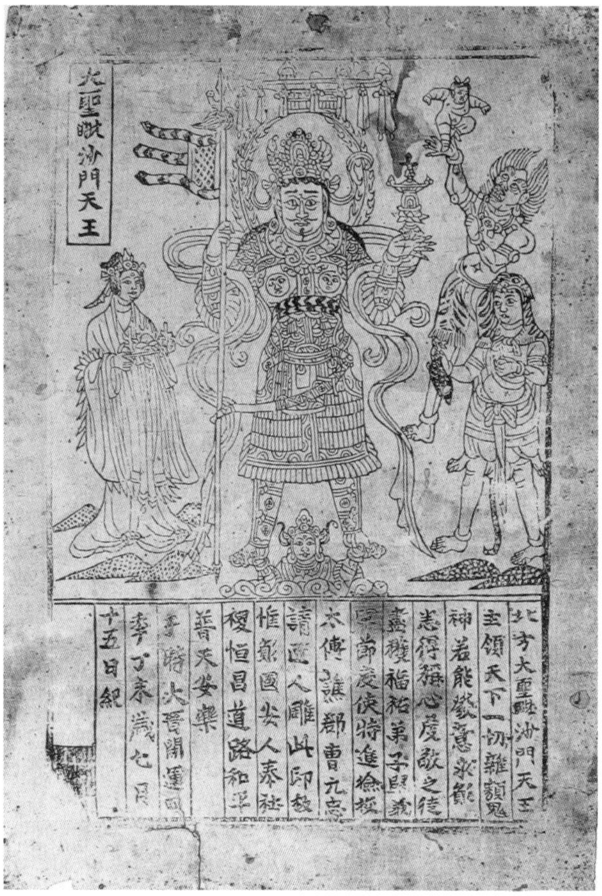

一二〇 b 兜跋毗沙门天像　纸本版画　大英博物馆藏

一二一 a 兜跋毗沙门天像　纸本淡彩　德里中亚博物馆藏

一二一 b 兜跋毗沙门天像　中村不折藏

一二一 c 万佛峡壁画［榆林窟第 25 窟前室东壁］兜跋毗沙门天像

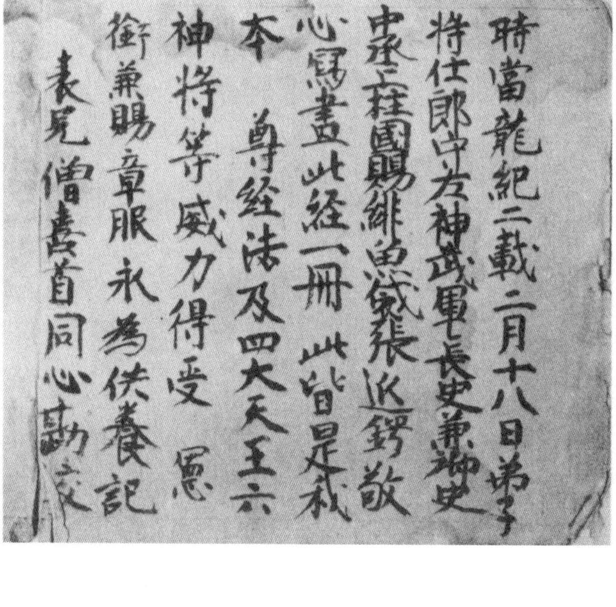
時當龍紀二載二月十八日弟子
將仕郎守左神武軍長史兼御史
中丞上柱國賜緋魚袋張近鍔敬
心寫畫此經一冊 此皆是我
本 尊經法及四大天王六
神將等威力得受 恩
銜兼賜章服永為供養記
表見僧惠首同心勸[illegible]

a
b
c

一二二 四天王图（册子） 纸本着色 德里中亚博物馆藏

一二三 a 毗沙门天像 绢本着色 大英博物馆藏

一二三 b 毗沙门天像 绢本着色 大英博物馆藏

一二四 a 行道天王图 绢本着色 吉美博物馆藏

一二四 b 兜跋毗沙门天像（孩儿） 绢本着色 大英博物馆藏

一二五 a 日前摩利支天图 纸本着色 大英博物馆藏

一二五 b　日前摩利支天图　纸本着色　吉美博物馆藏

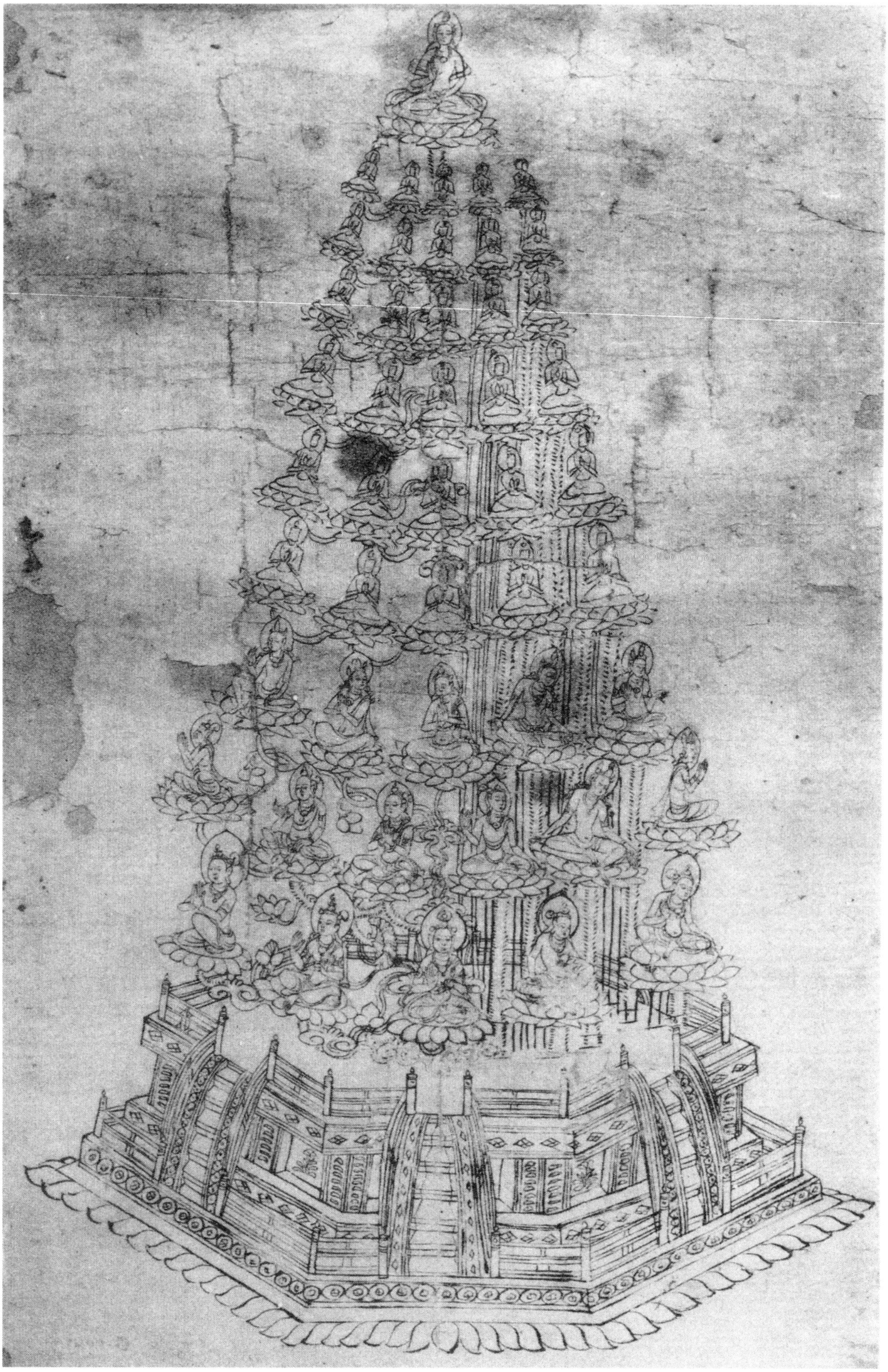

一二六 a 多子塔图 纸本白描 德里中亚博物馆藏

一二六 b 莲上孩儿图 绢本着色 卢浮宫博物馆藏

一二七 a 莲上菩萨图 绢本着色 德里中亚博物馆藏

一二七 b 莲上菩萨图 绢本着色 卢浮宫博物馆藏

一二八 西域佛菩萨图像集 绢本着色 德里中亚博物馆藏

一二九 a 千佛洞第 110 窟壁画［D257 北壁］千佛图

一二九 b 千佛洞第 120F 窟［D46］千佛图

一二九 c 千佛洞第 117 窟壁画［D61 窟顶东披］千佛图

一三〇 千佛图残片 刺绣 大英博物馆藏

一三一 千佛图残片 纸本淡彩 卢浮宫博物馆藏

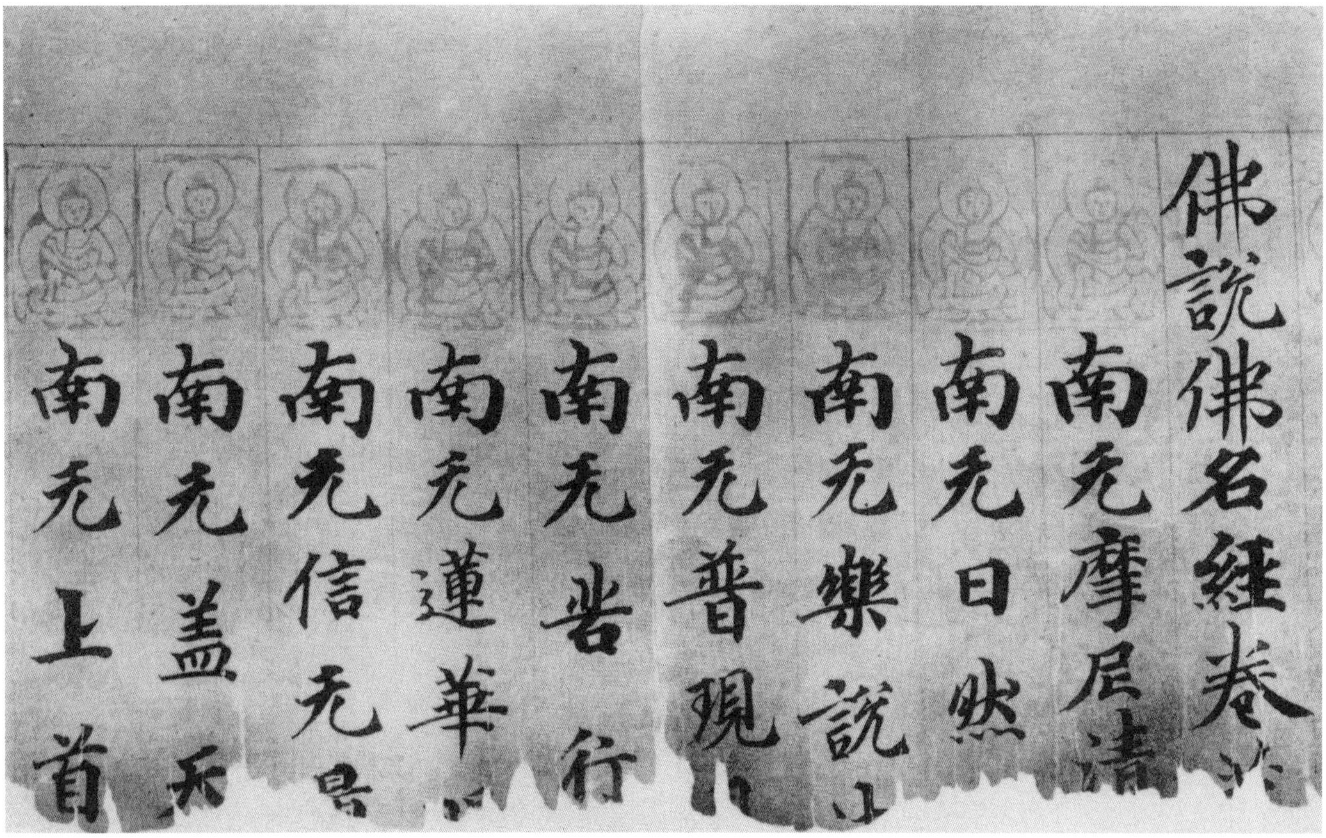

一三二 a 佛名经图卷残片 纸本版画 中村不折藏

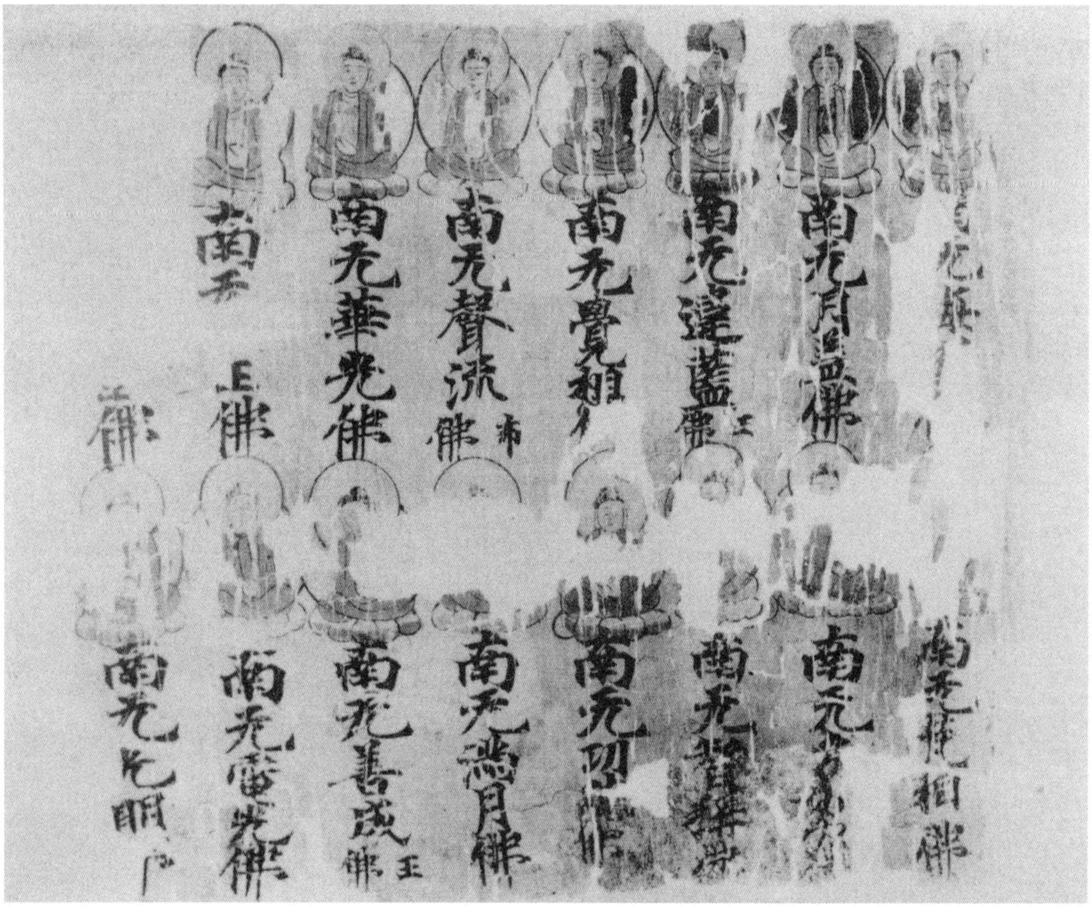

一三二 b 佛名经图卷残片 纸本淡彩 江藤涛雄藏

一三三 千佛图残片 纸本淡彩 德里中亚博物馆藏

一三四 a 千佛像（一部）纸本版画 斯坦因携回品

一三四 b 菩萨像（一部）纸本版画 德里中亚博物馆藏

一三五 a 千佛图 纸本版画 斯坦因携回品

一三五 b 千佛图 纸本版画 斯坦因携回品

一三五 c 菩萨图 纸本版画 斯坦因携回品

一三六 a 菩萨图 纸本版画 斯坦因携回品

一三六 b 地藏图 纸本版画 斯坦因携回品

一三六 c 金刚力士图 纸本版画 斯坦因携回品

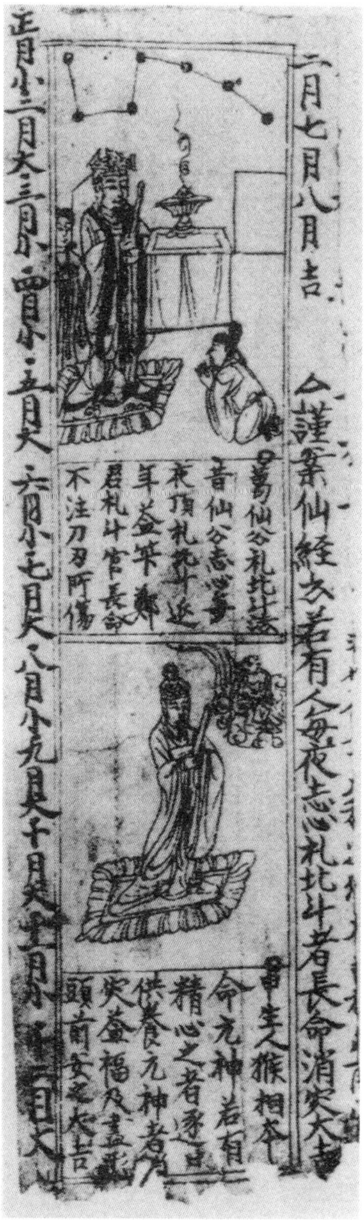

一三六 d 绘历 纸本 斯坦因携回品

一三七 文殊菩萨图 绢本着色 大英博物馆藏

一三八 文殊普贤四观音图（咸通五年）绢本着色 大英博物馆藏

一三九 a 千佛洞第 51C 窟壁画［D192 西壁］文殊普贤图

一三九 b 千佛洞第 168 窟壁画［D6 西壁］文殊普贤图

一四〇 a 千佛洞第 62 窟壁画［D223 东壁］文殊普贤图

一四〇 b 千佛洞第 72 窟壁画［D99 西壁］文殊普贤图

一四一 a 千佛洞第 169 窟壁画［D5 西壁］文殊普贤图

一四一 b 千佛洞第 81 窟壁画［D231 西壁］文殊普贤图

一四二 a 文殊菩萨图 绢本着色 大英博物馆藏

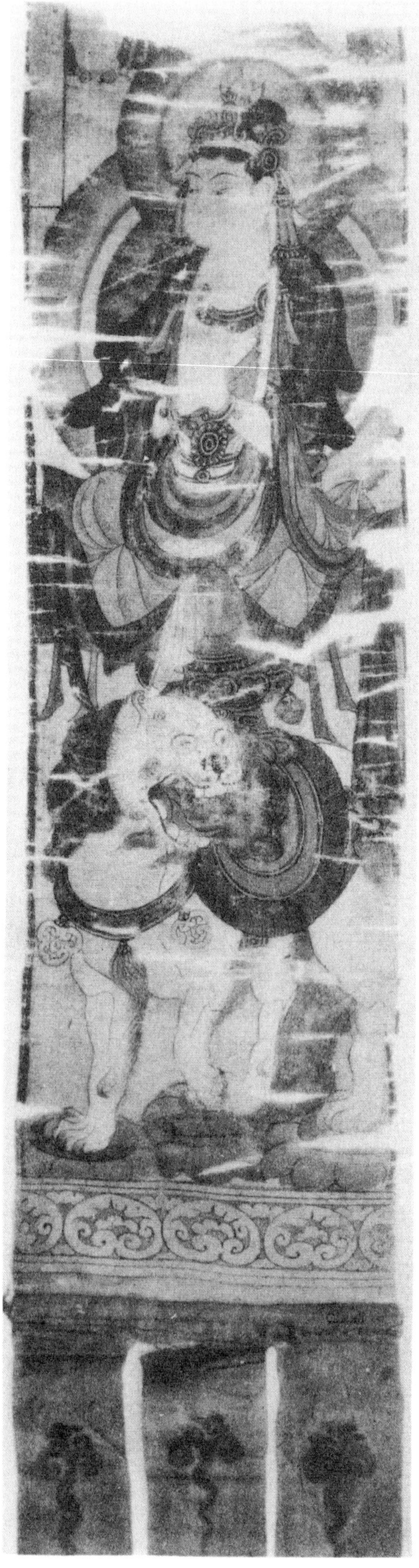

一四二 b 文殊菩萨图 绢本着色 德里中亚博物馆藏

一四三 a 普贤菩萨图 绢本着色 大英博物馆藏

一四三 b 普贤菩萨图 绢本着色 大英博物馆藏

一四四 a 普贤菩萨图 绢本着色 德里中亚博物馆藏

一四四 b 文殊菩萨图 绢本着色 德里中亚博物馆藏

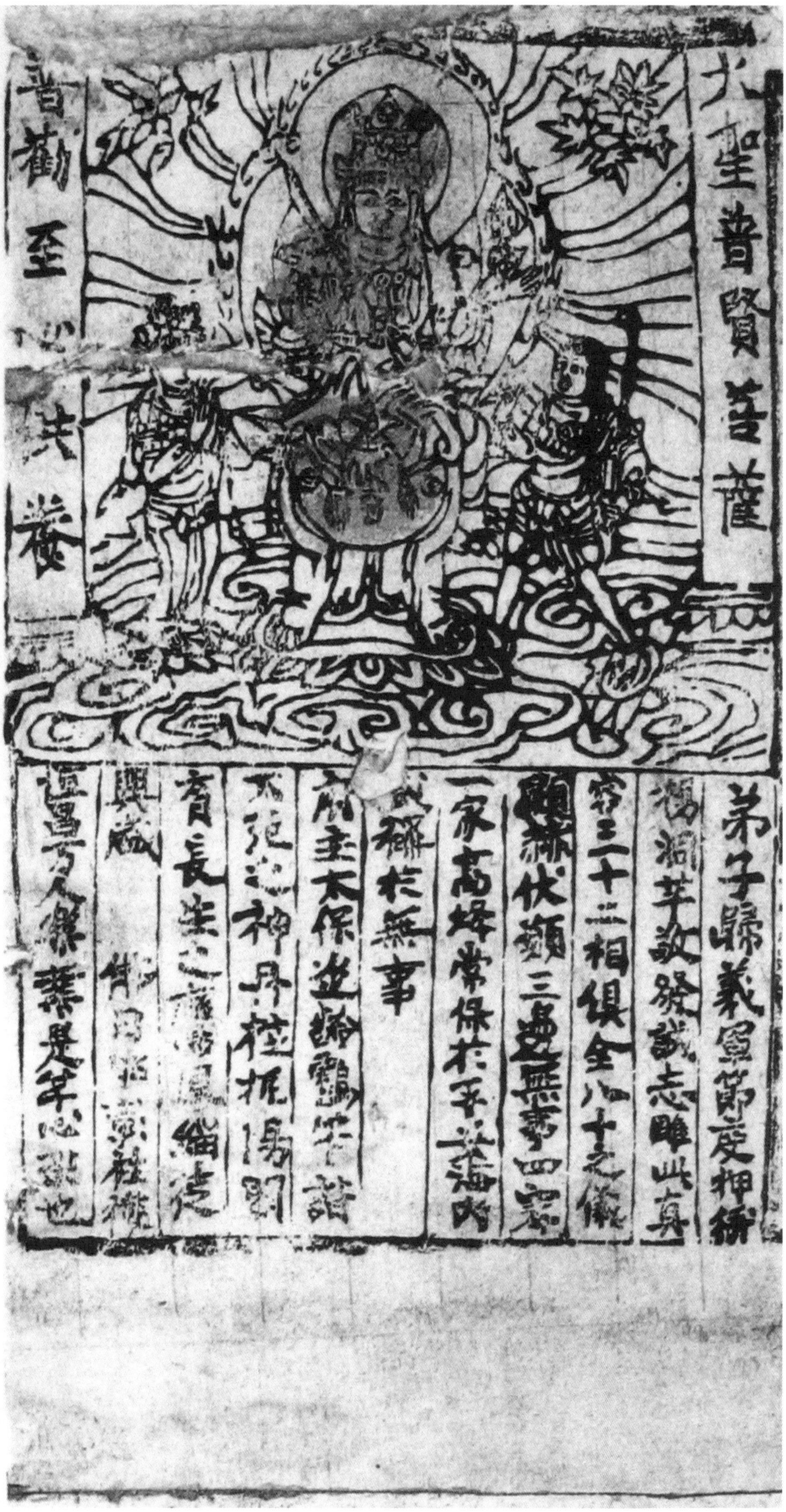

一四四 c 普贤菩萨图 纸本版画 大英博物馆藏

第四章

一四五 a 千佛洞第 76 窟壁画［D97 北壁］十六罗汉图

一四五 b 千佛洞第 76 窟壁画［D97 南壁］十六罗汉图

一四六 a 千佛洞第 79 窟壁画［D95 南壁］罗汉图

一四六 b 千佛洞第 79 窟壁画［D95 西壁］罗汉图

一四六 c 千佛洞第 79 窟壁画［D95 西壁］罗汉图

一四六 d 千佛洞第 79 窟壁画［D95 北壁］罗汉图

一四七 a 达磨多罗图 纸本着色 朝鲜总督府博物馆藏

一四七 b 达磨多罗图 纸本着色 吉美博物馆藏

一四八 a 达磨多罗图 纸本着色 大英博物馆藏

一四八 b 迦理迦图 纸本淡彩 大英博物馆藏

一四九 a 高僧图　纸本　大英博物馆藏

一四九 b 千佛洞第 147A 窟入口左侧［D333 东壁］宝志像

第五章

一五〇 护诸童子曼荼罗残片 纸本着色 德里中亚博物馆藏

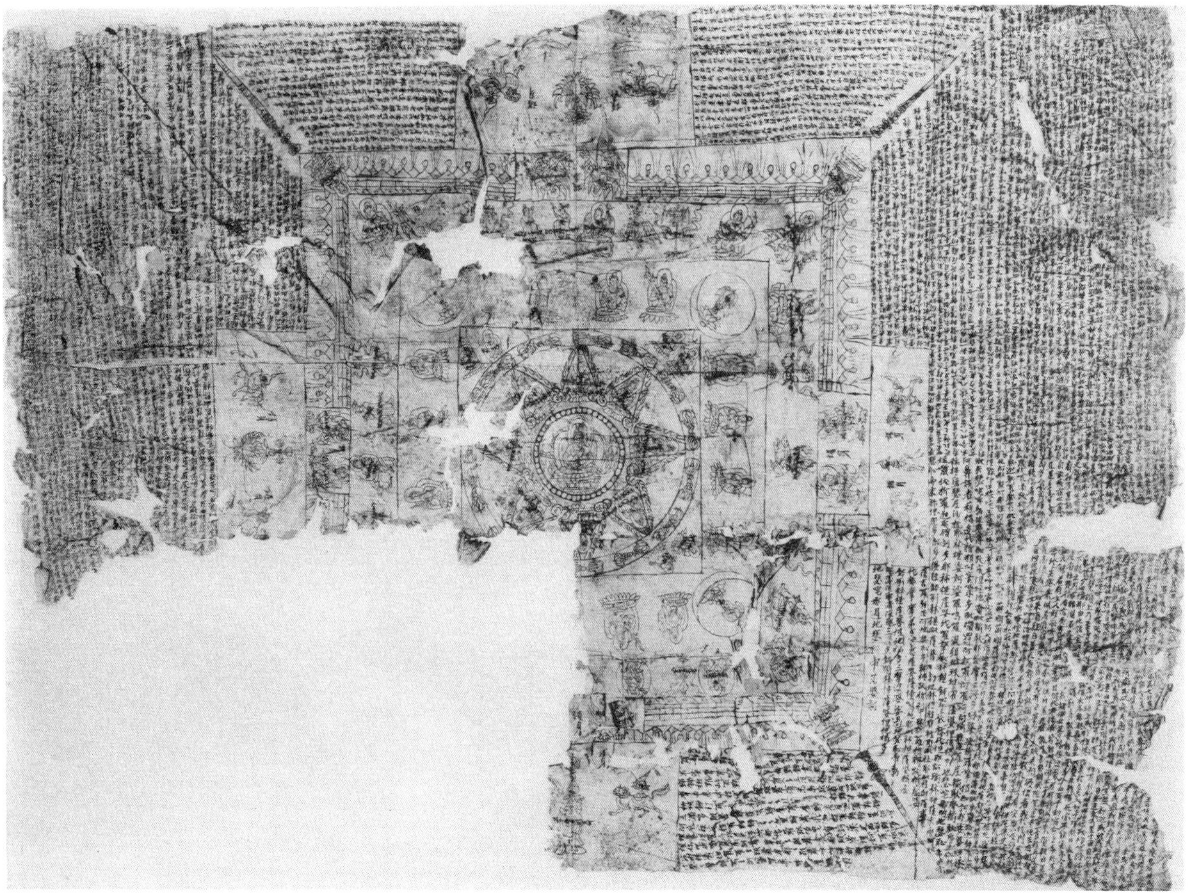

一五一 佛顶曼荼罗残片 纸本淡彩 斯坦因携回品

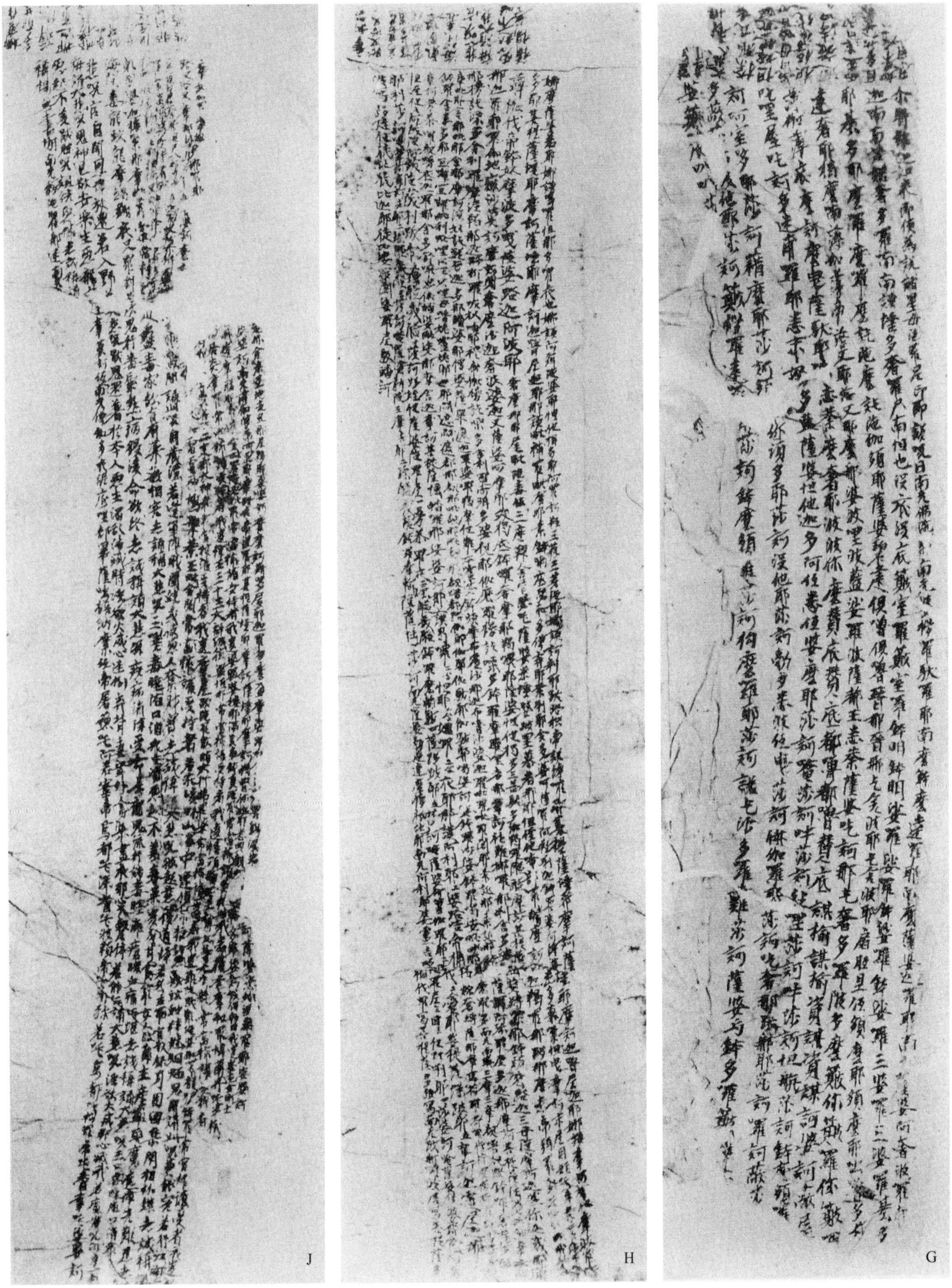

一五二 a 附图一五一佛顶曼荼罗里面写经

一五二 b 曼荼罗残片（名称不详）纸本着色　德里中亚博物馆藏

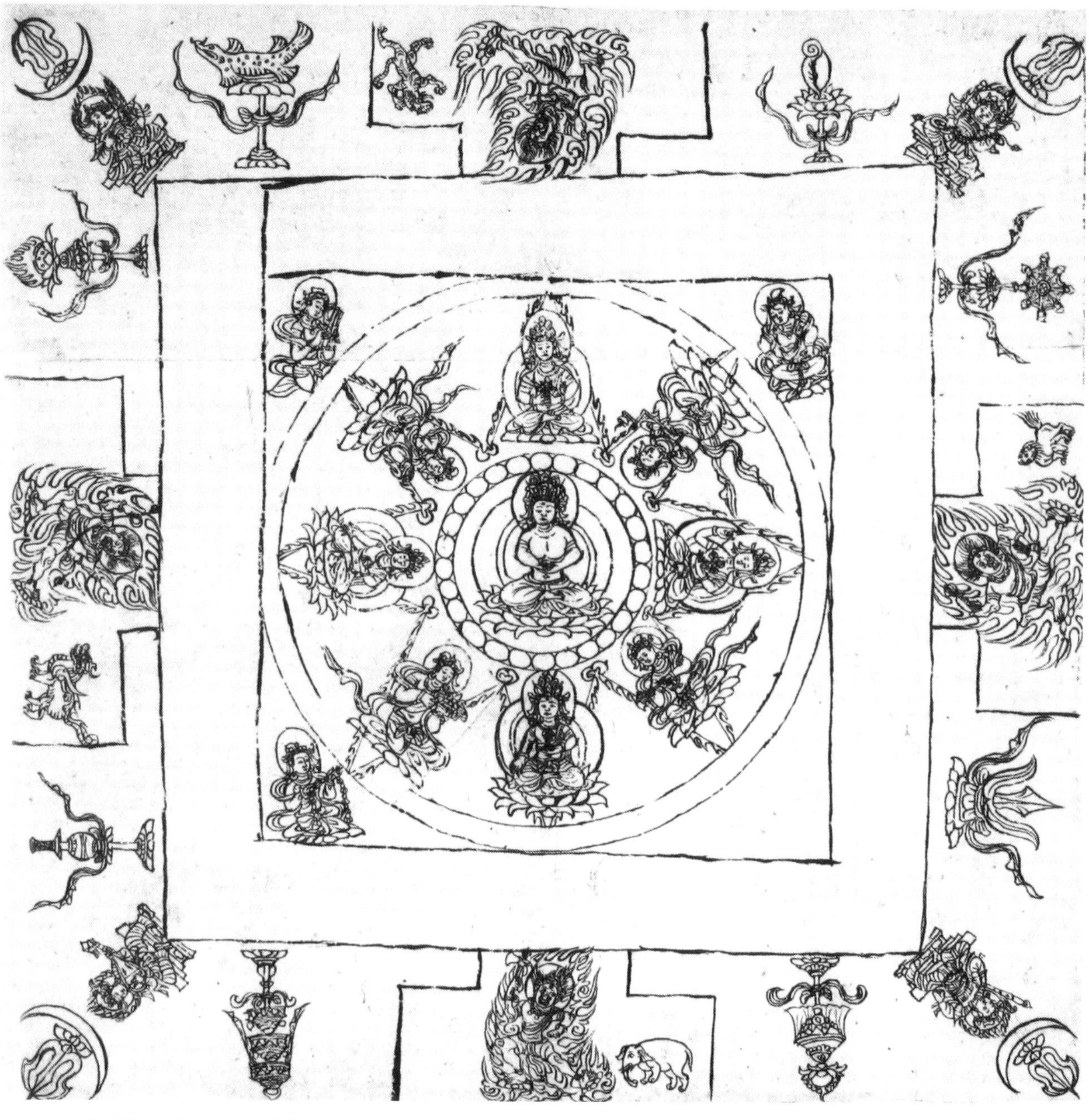

一五三 四印曼荼罗　纸本白描　大英博物馆藏

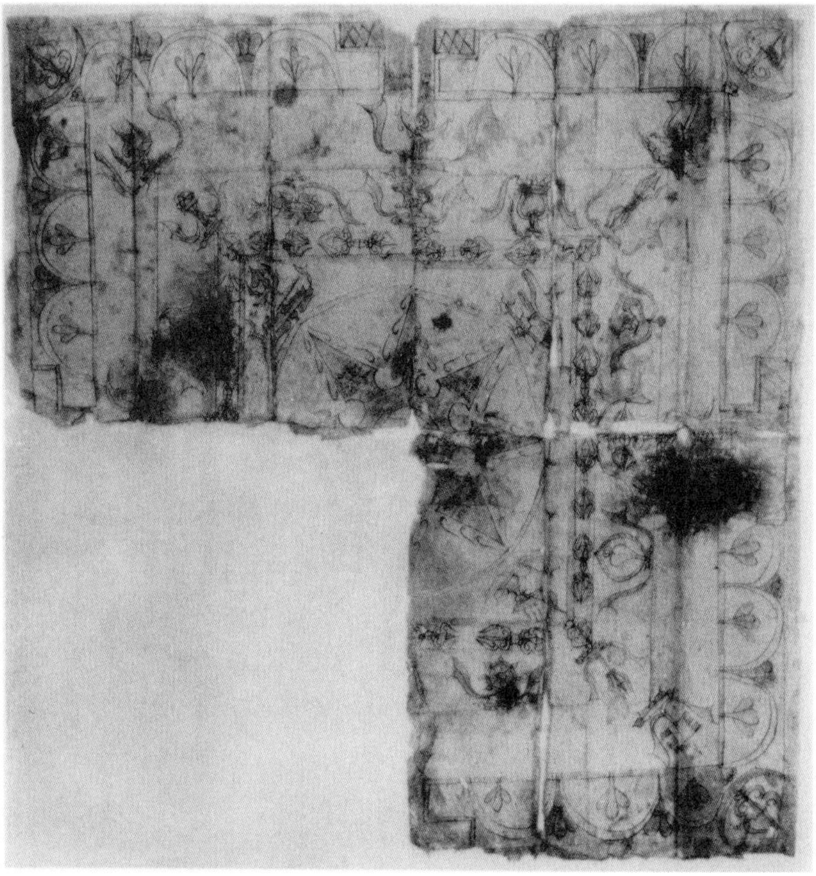

一五四 三昧耶曼荼罗残片 纸本淡彩 斯坦因携回品

一五五 观世音陀罗尼轮曼荼罗残片 绢本白描 大英博物馆藏

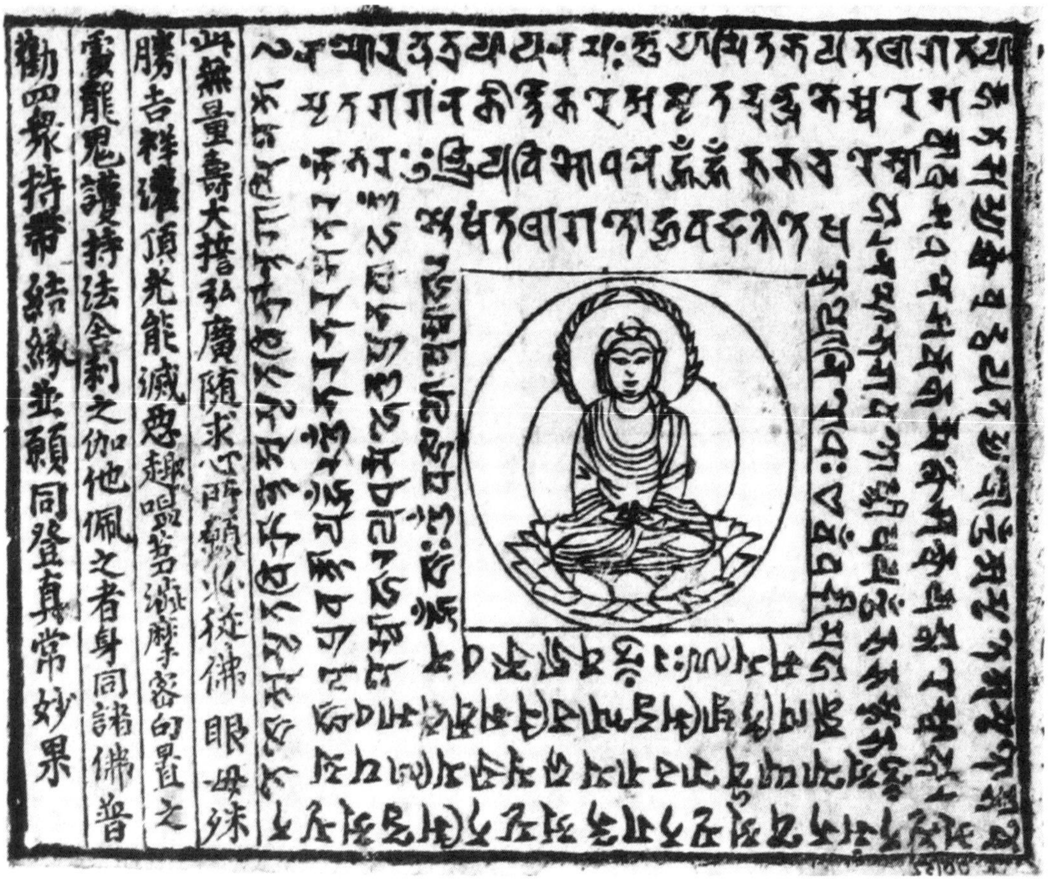

一五六 a 无量寿陀罗尼轮曼荼罗 纸本版画 大英博物馆藏

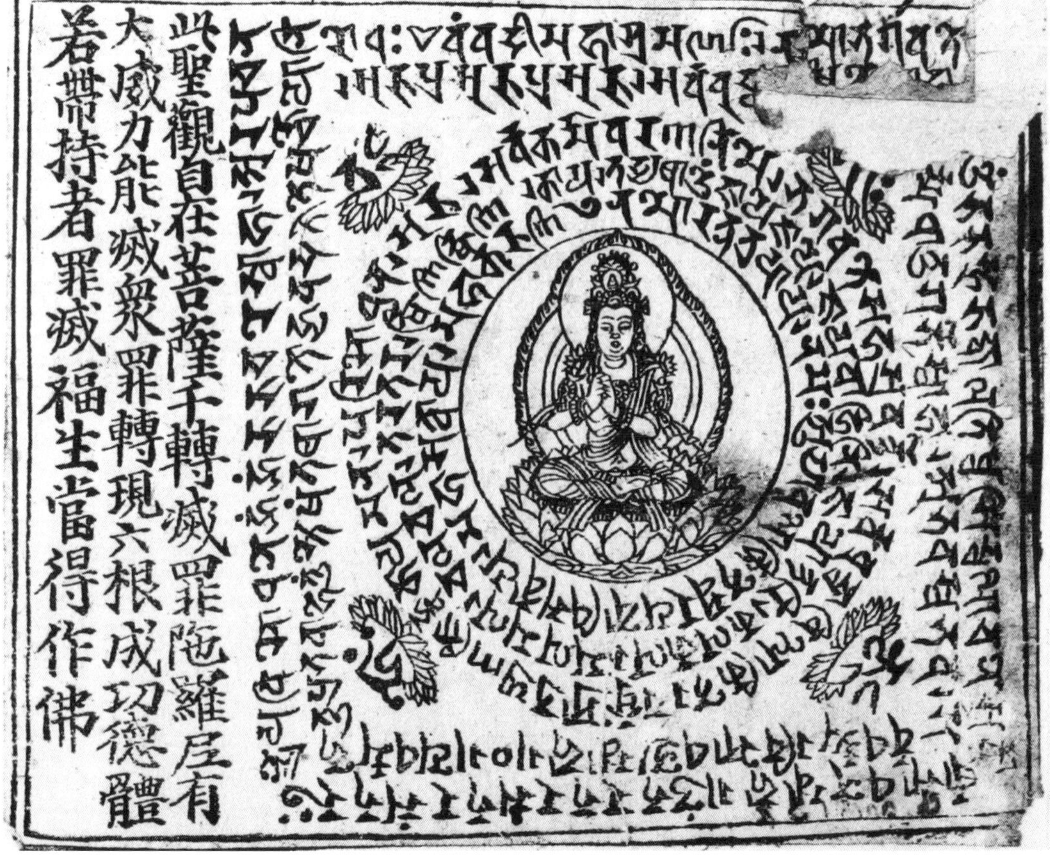

一五六 b 千转陀罗尼轮曼荼罗 纸本版画 大英博物馆藏

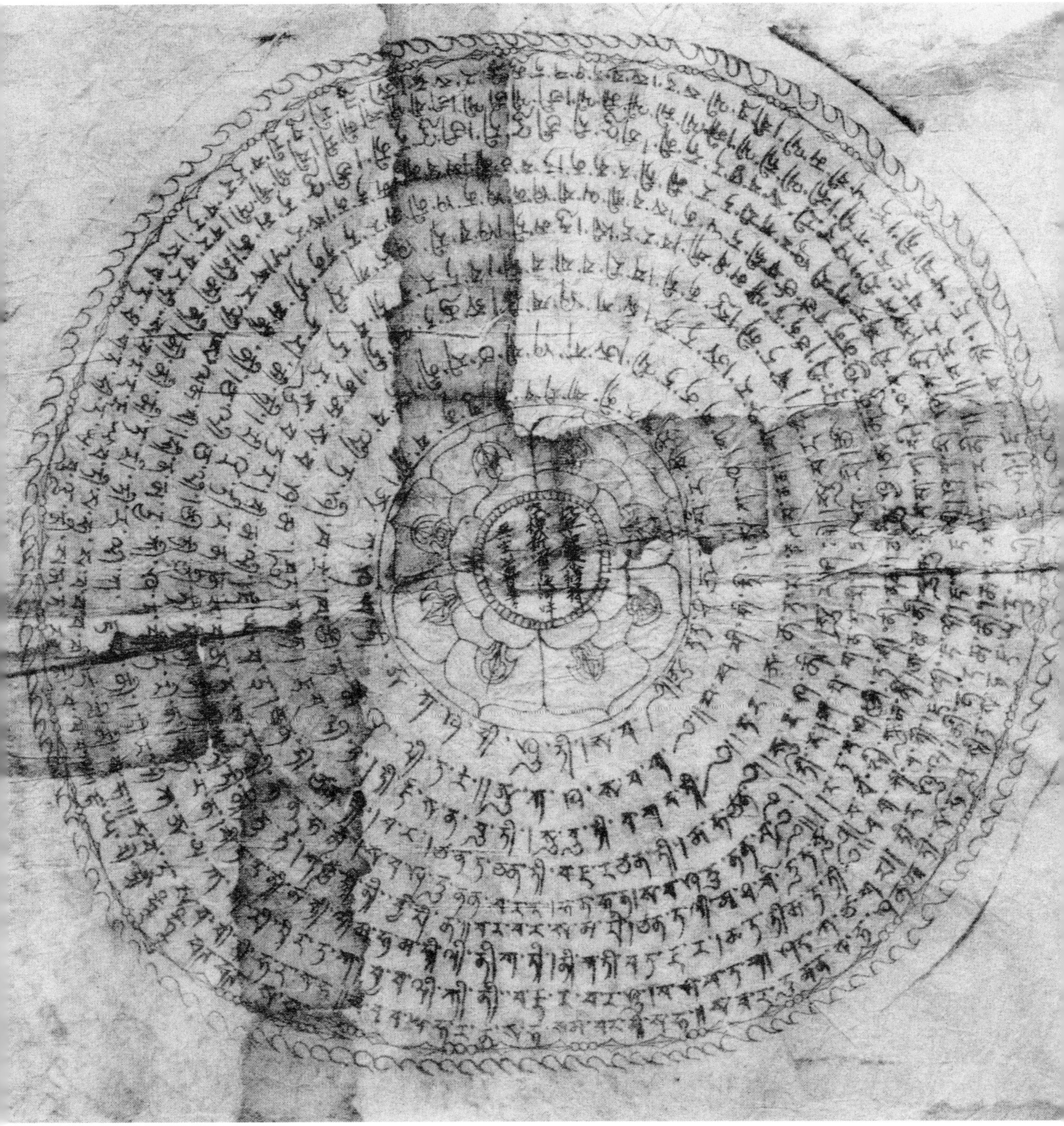

一五七 a 西藏文陀罗尼轮曼荼罗 纸本版画 德里中亚博物馆藏

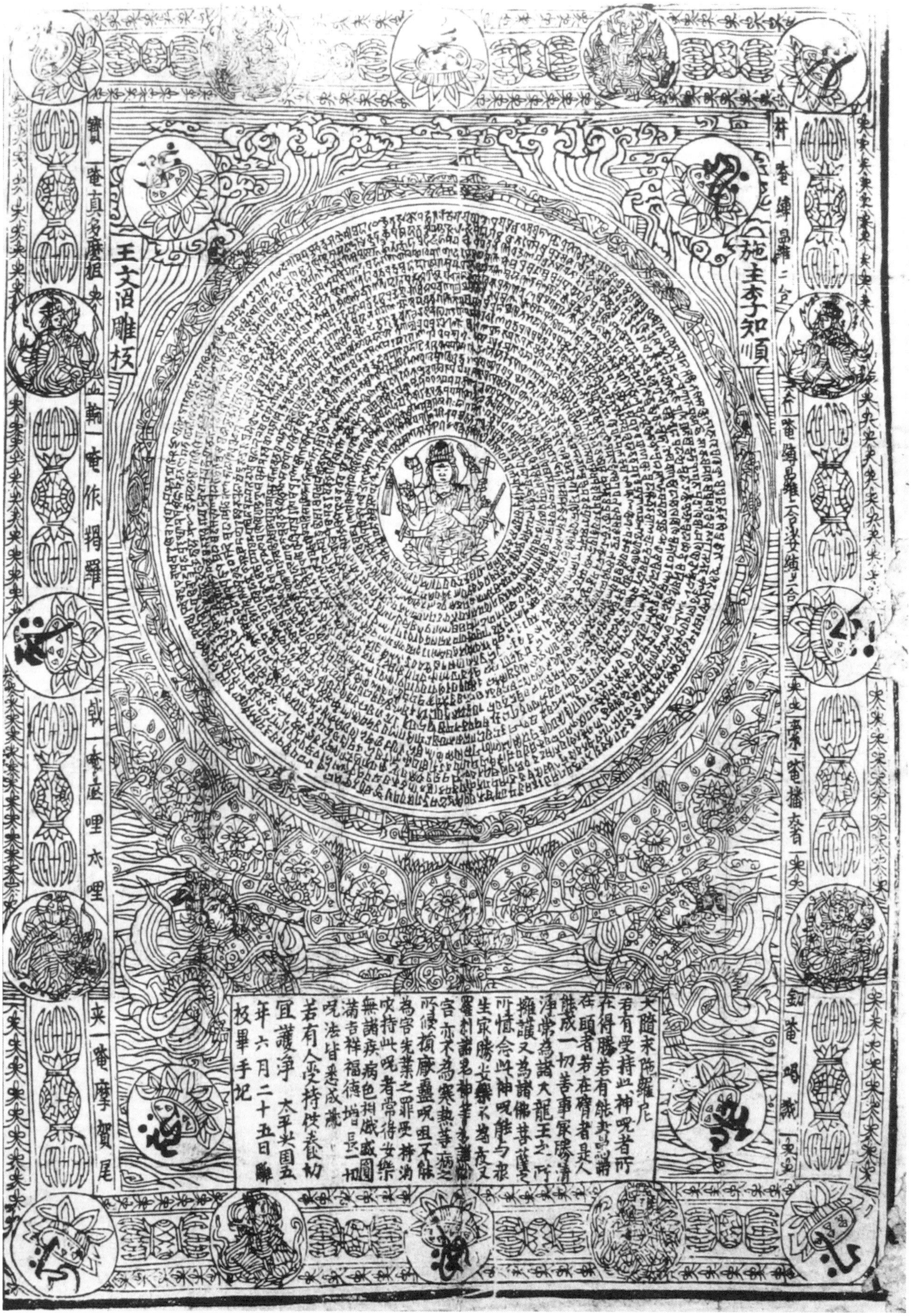

一五七 b 大随求陀罗尼轮曼荼罗 纸本版画 大英博物馆藏

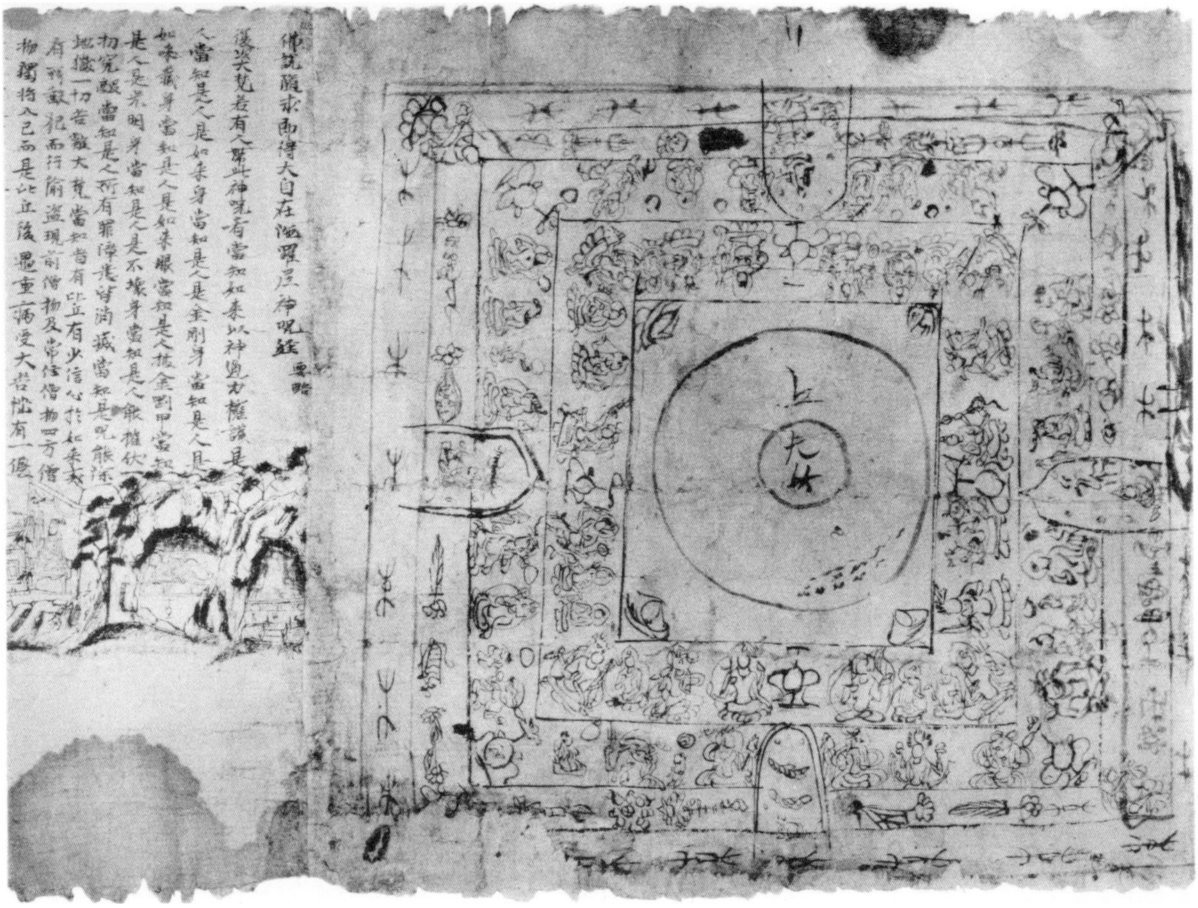

一五八 随求陀罗尼经图卷第一纸随求曼荼罗 纸本 中村不折藏

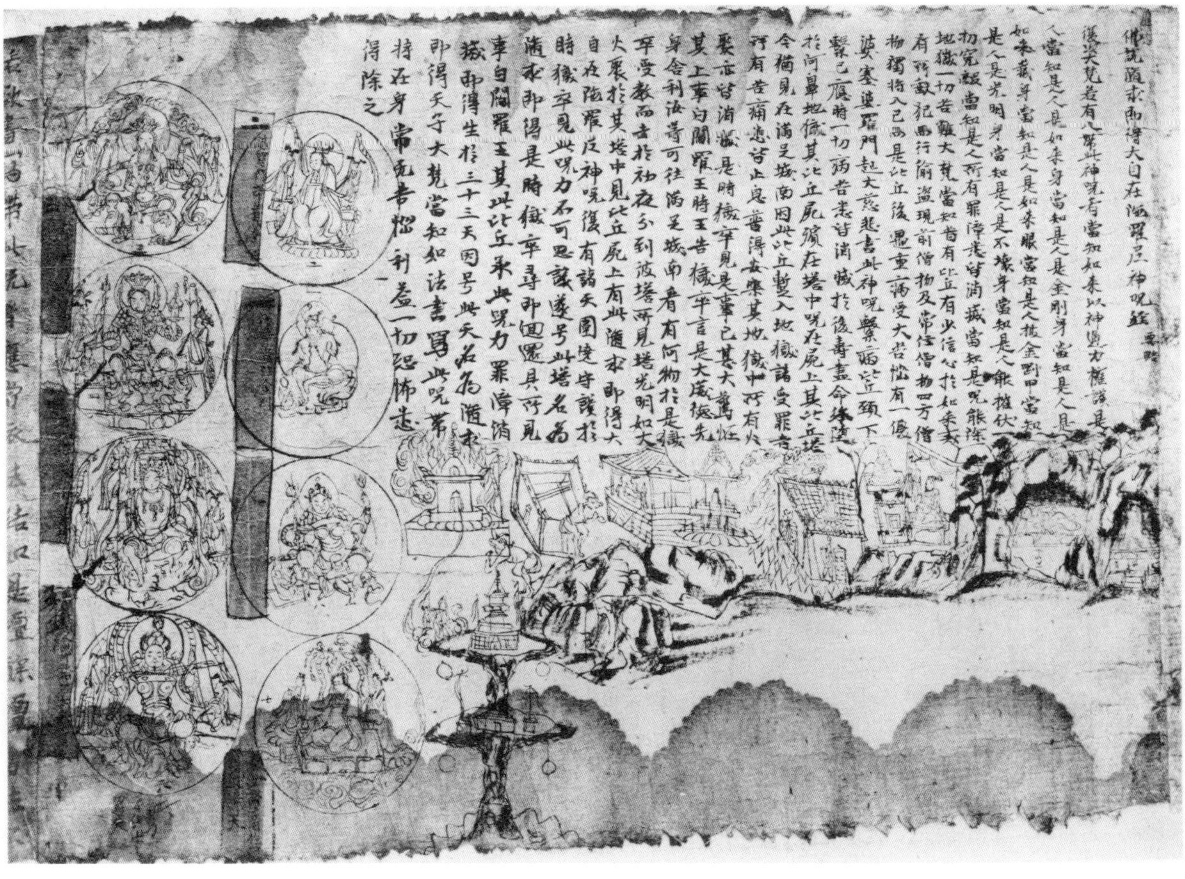

一五九 随求陀罗尼经图卷第二纸 纸本 中村不折藏

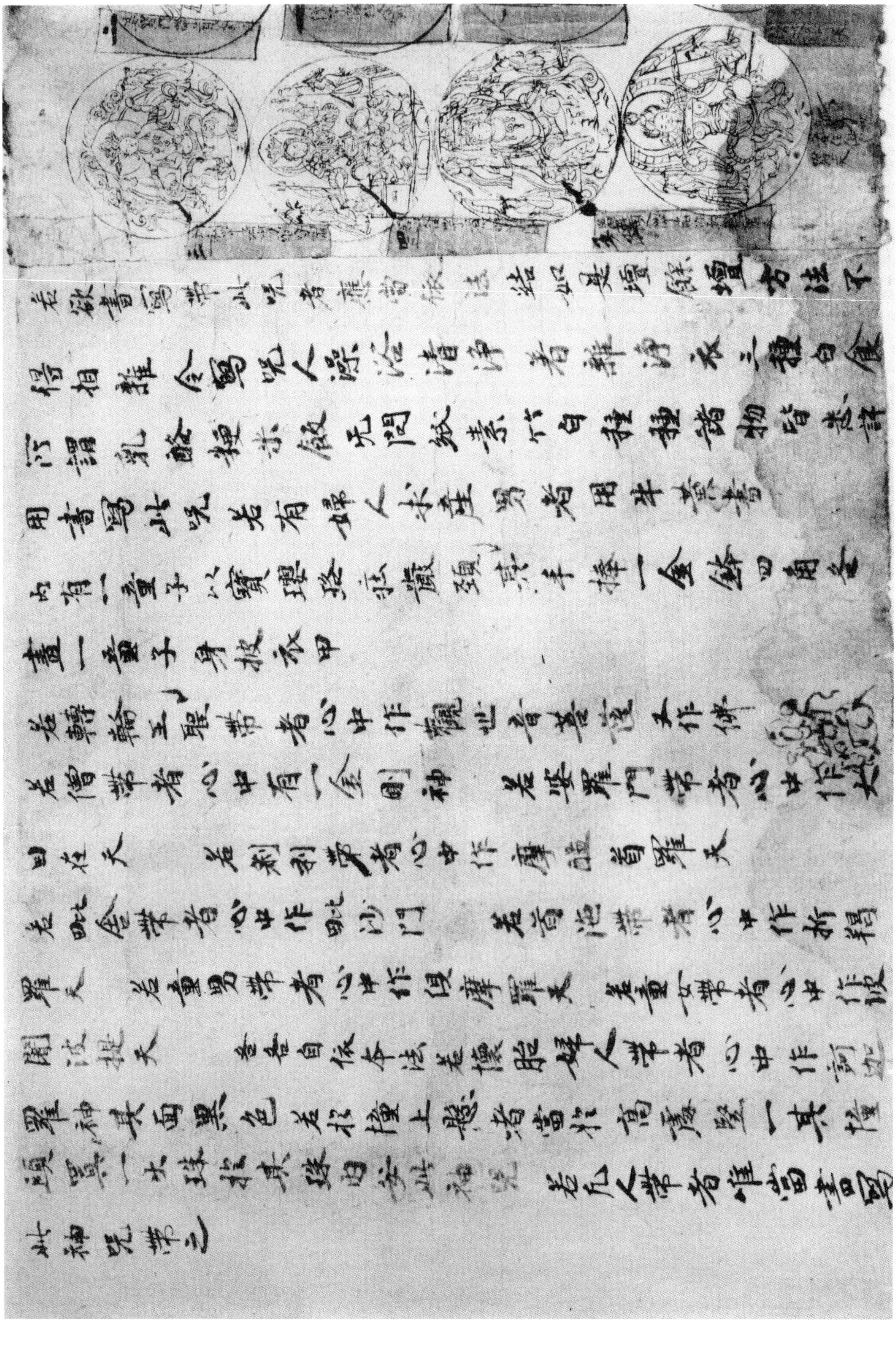

一六〇　随求陀罗尼经图卷第三纸　纸本　中村不折藏

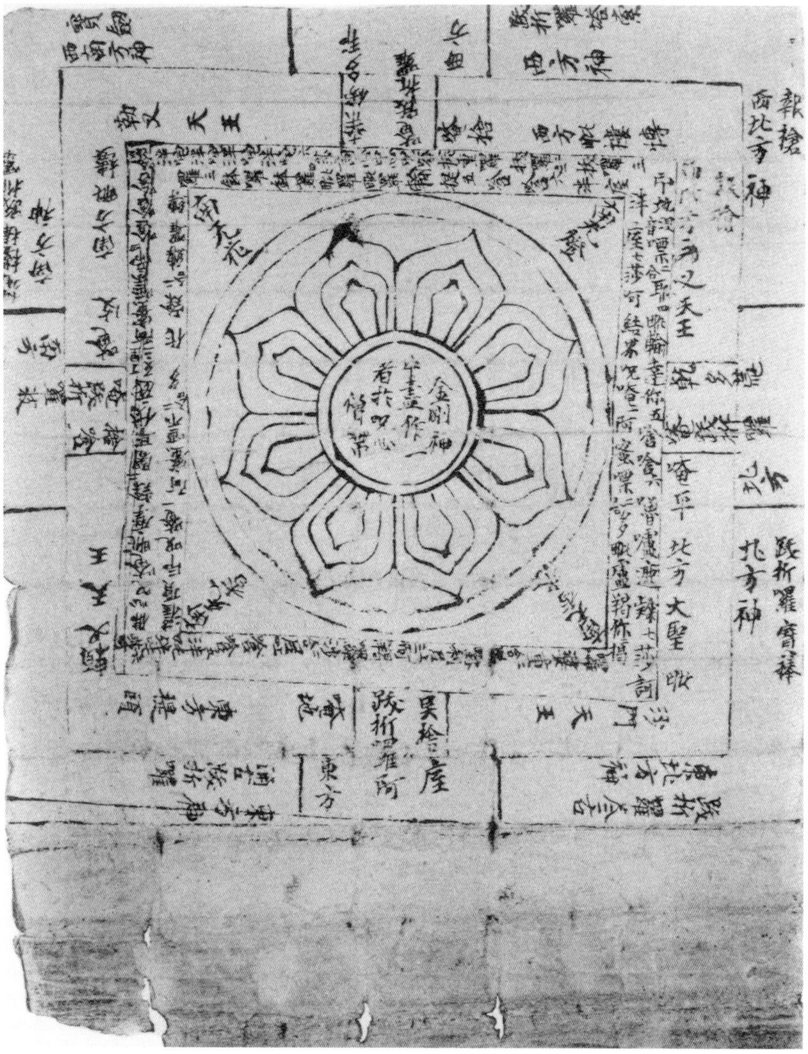

一六一 a 随求尊位曼荼罗 纸本 斯坦因携回品

一六一 b 随求尊位曼荼罗（未完成）纸本 斯坦因携回品

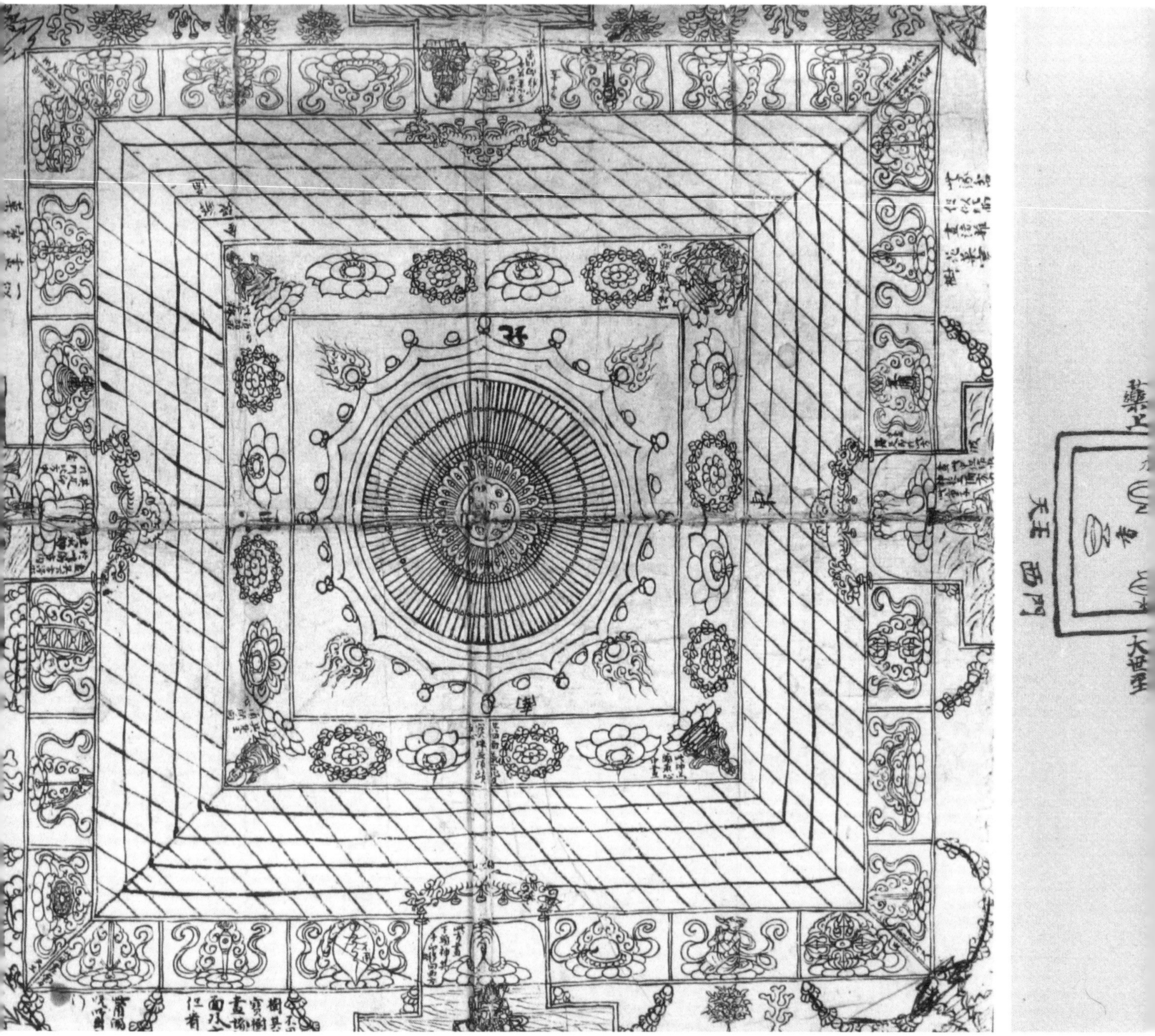

一六二 坛城图 纸本白描 大英博物馆藏

一六三 a 尊胜法坛城图 纸本墨画 大英博物馆藏 一六三 b 修请观音法图 纸本淡彩 德里中亚博物馆藏

第六章

一六四 阿弥陀曼荼罗 绢本着色 大英博物馆藏

一六五 莲华部八尊曼荼罗 绢本着色 卢浮宫博物馆藏

一六六 a 千佛洞第 72 窟左壁［D99 南壁］千臂千钵文殊菩萨图

一六六 b 千佛洞第 6 窟东壁［D144 南壁］千臂千钵文殊菩萨图

一六七 千手千眼观音图 绢本着色 大英博物馆藏

一六八 千手千眼观音图 绢本着色 吉美博物馆藏

一六九　千手千眼观音图　绢本着色　德里中亚博物馆藏

一七〇 千手千眼观音图 绢本着色 德里中亚博物馆藏

一七一 千手千眼观音图 绢本着色 德里中亚博物馆藏

一七二 a 千佛洞第 72 窟右壁［D99 北壁］千手千眼观音图

一七二 b 千手千眼观音图 麻布着色 大英博物馆藏

一七三 a 千手千眼观音图 绢本着色 德里中亚博物馆藏

一七三 b 千手千眼观音图 绢本着色 德里中亚博物馆藏

一七四 千手千眼观音图 绢本着色 吉美博物馆藏

一七五 a 千手千眼观音图 纸本着色 大英博物馆藏

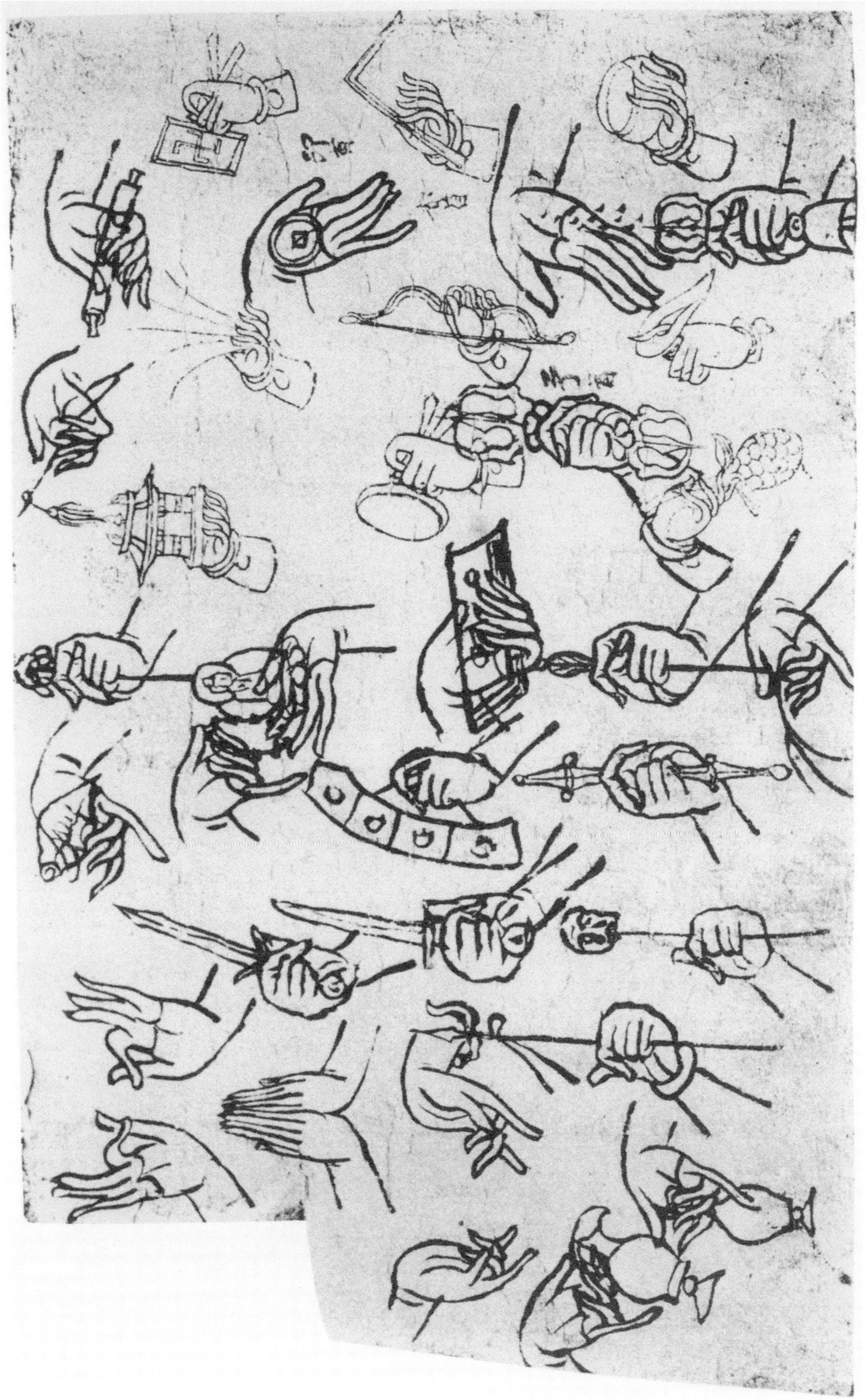

一七五b 千手千眼观音持物图 纸本墨画 德里中亚博物馆藏

一七六 a 千佛洞第 171A 窟右壁［D3 北壁］千手观音图

一七六 b 千佛洞第 171A 窟左壁［D3 南壁］千手观音图

一七七 十一面观音图 绢本着色 德里中亚博物馆藏

一七八 十一面观音图 绢本着色 大英博物馆藏

一七九 十一面观音图 绢本着色 大英博物馆藏

一八〇 十一面观音图 绢本着色 吉美博物馆藏

一八一a 十一面观音图 纸本着色 德里中亚博物馆藏

一八一 b 千佛洞第 102 窟右壁［D76 北壁］十一面观音图（十五种恶死图相）

一八二 a 十一面观音图 麻布着色 德里中亚博物馆藏

一八二 b 九面观音图 纸本着色 吉美博物馆藏

一八三 a 观世音菩萨图 绢本着色 大英博物馆藏

一八三 b 如意轮观音图 绢本着色 大英博物馆藏

一八四 a 千佛洞第 16 乙窟右前壁
［D129 东壁门北］如意轮观音图

一八四 b 千佛洞第 16 乙窟左前壁［D129 东壁门南］不空羂索观音图

一八五 a 金藏菩萨图 纸本着色 大英博物馆藏

一八五 b 宝手菩萨图 绢本着色 德里中亚博物馆藏

一八六 a 乌枢沙摩明王图 纸本着色 大英博物馆藏

一八六 b 马头观音图 纸本着色 吉美博物馆藏

一八七 a 千佛洞第 120N 窟后壁［D285 西壁］婆薮仙图

一八七 b 千佛洞第 120N 窟后壁［D285 西壁］摩醯首罗、鸠摩罗、毗那夜迦图

一八八 a 摩醯首罗像 纸本淡彩 大英博物馆藏

一八八 b 摩诃迦罗像 纸本淡彩 江藤涛雄藏

一八九 a 四菩萨图 纸本 德里中亚博物馆藏

一八九 b 那罗延天（？）像 纸本淡彩 大英博物馆藏

第七章

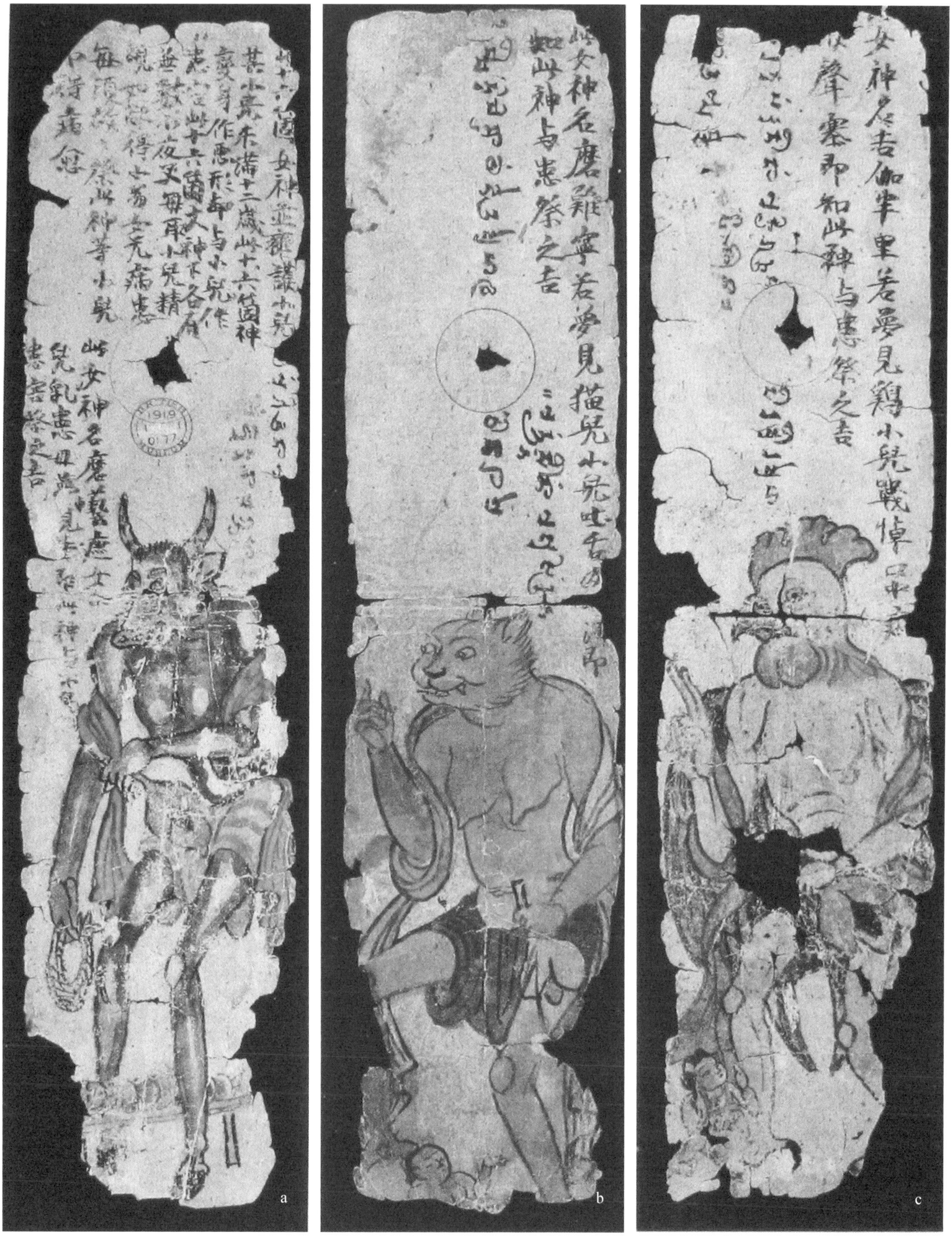

一九〇 护诸童子护符 纸本着色 大英博物馆藏

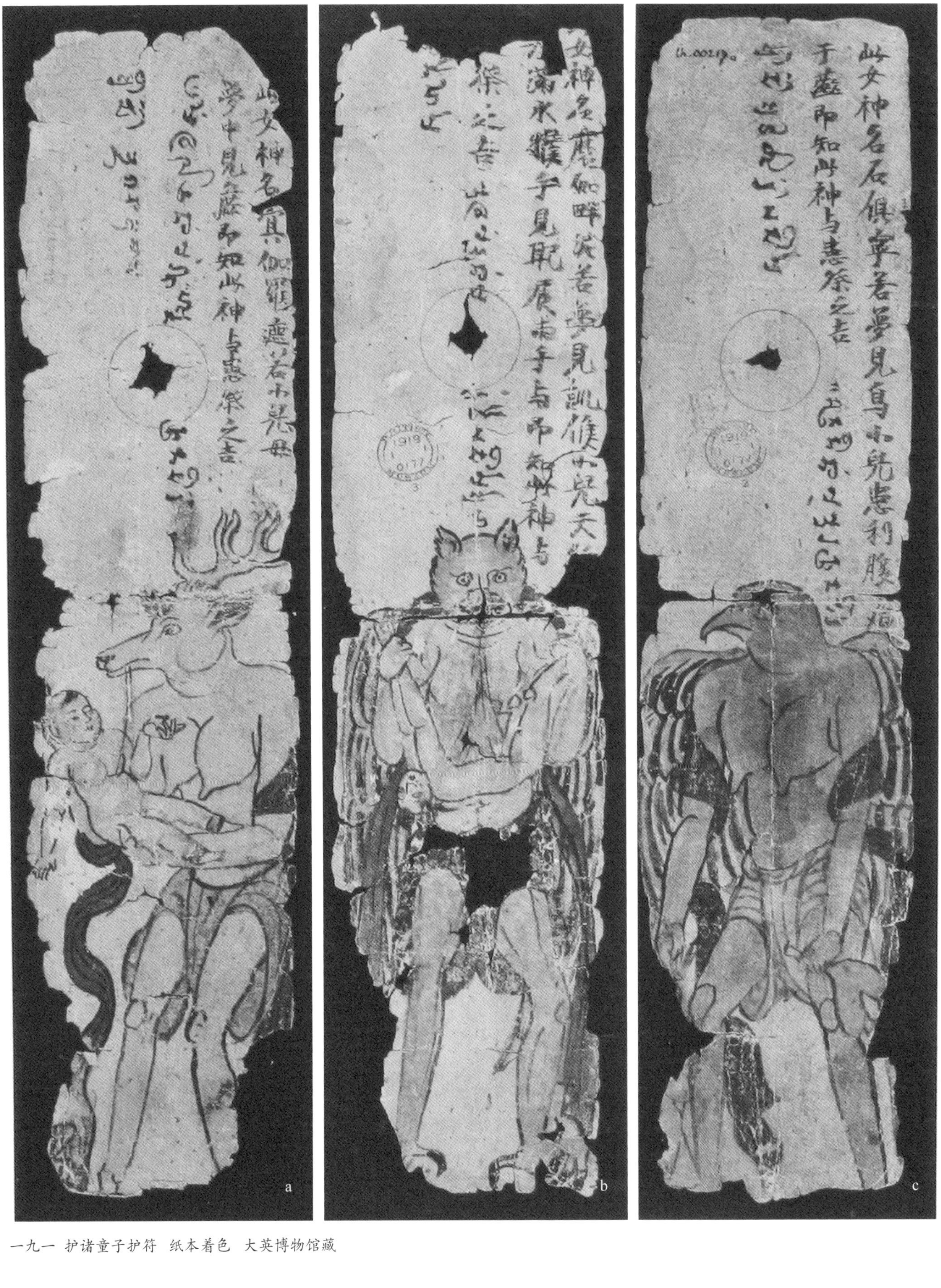

一九一 护诸童子护符 纸本着色 大英博物馆藏

一九二 画符 纸本着色 大英博物馆藏

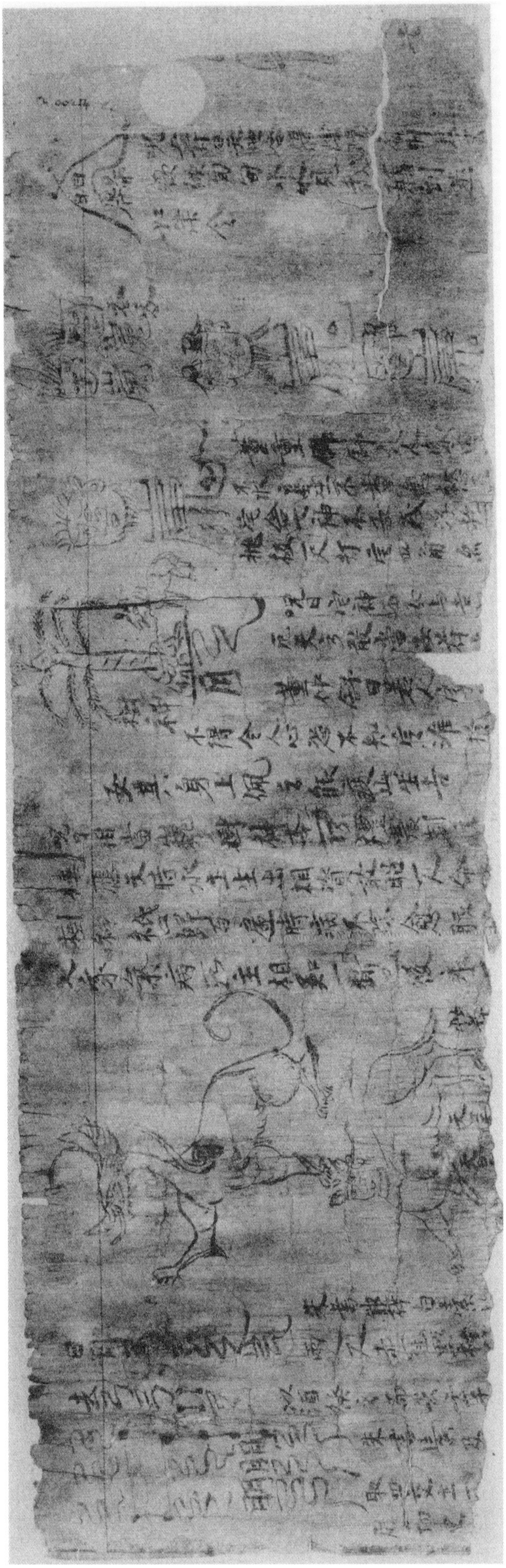

一九三 a 咒符图卷残片（表里）纸本 斯坦因携回品

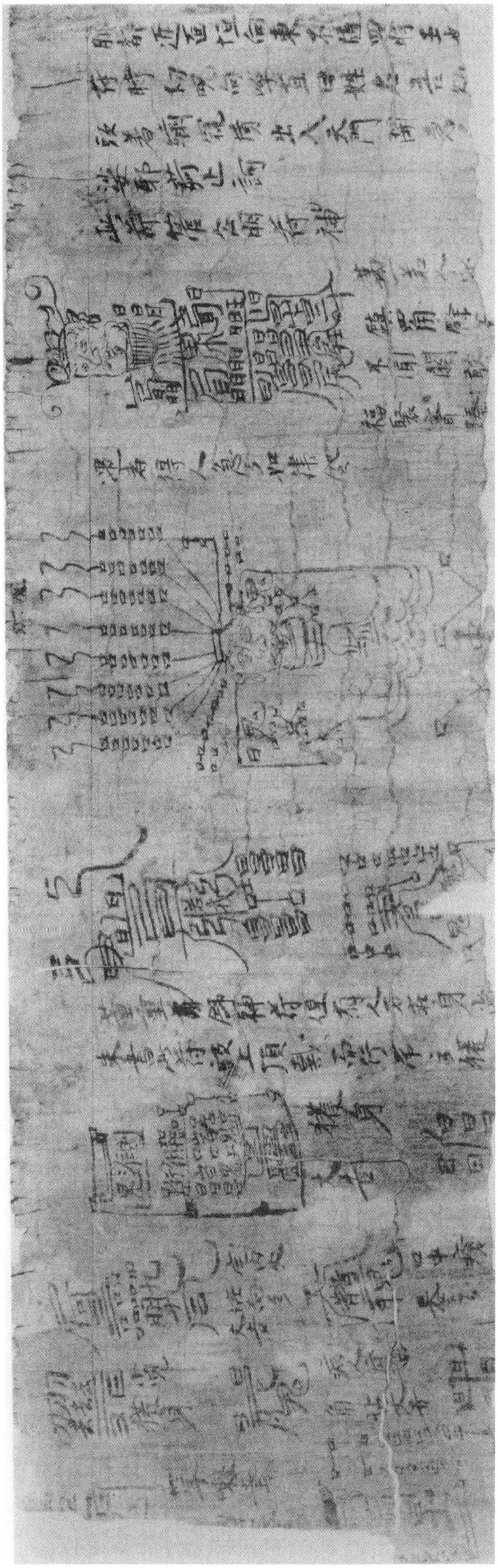

一九三 b 咒符图卷残片（表里）纸本 斯坦因携回品

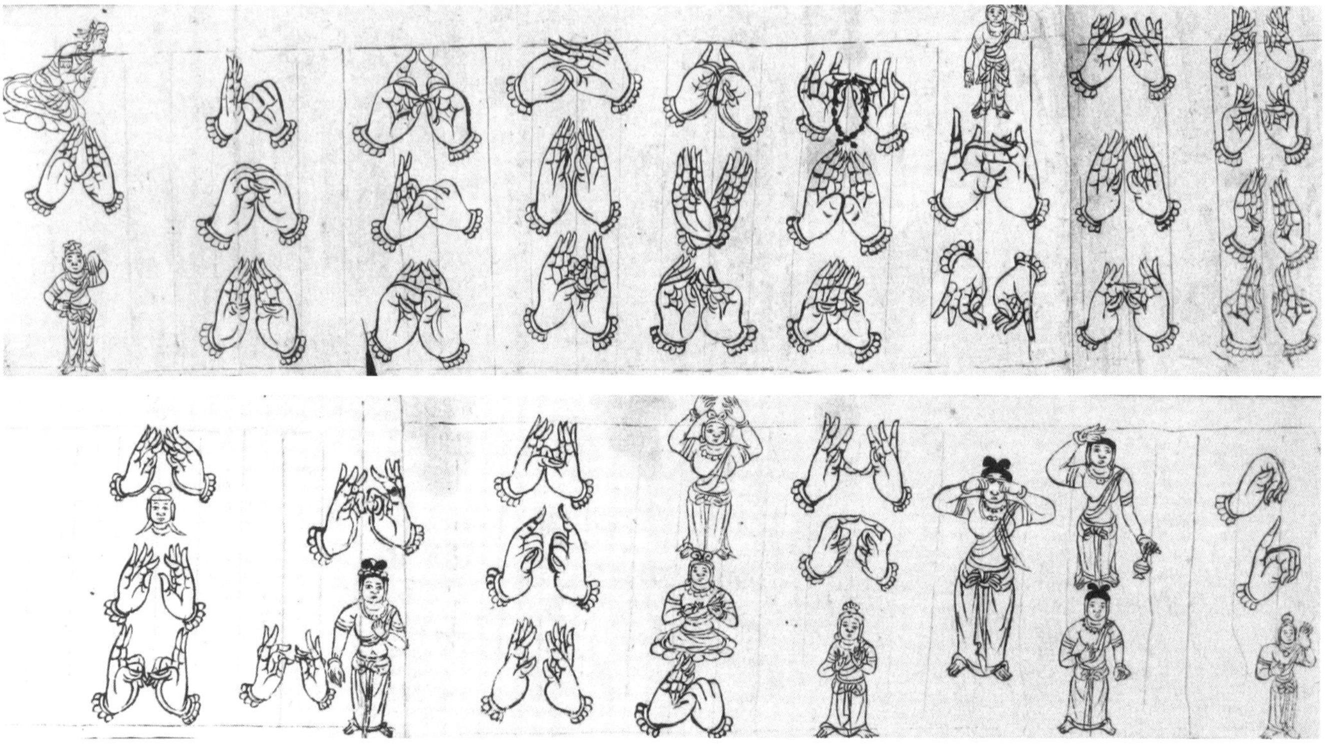

一九四 a 手印图卷 纸本 大英博物馆藏

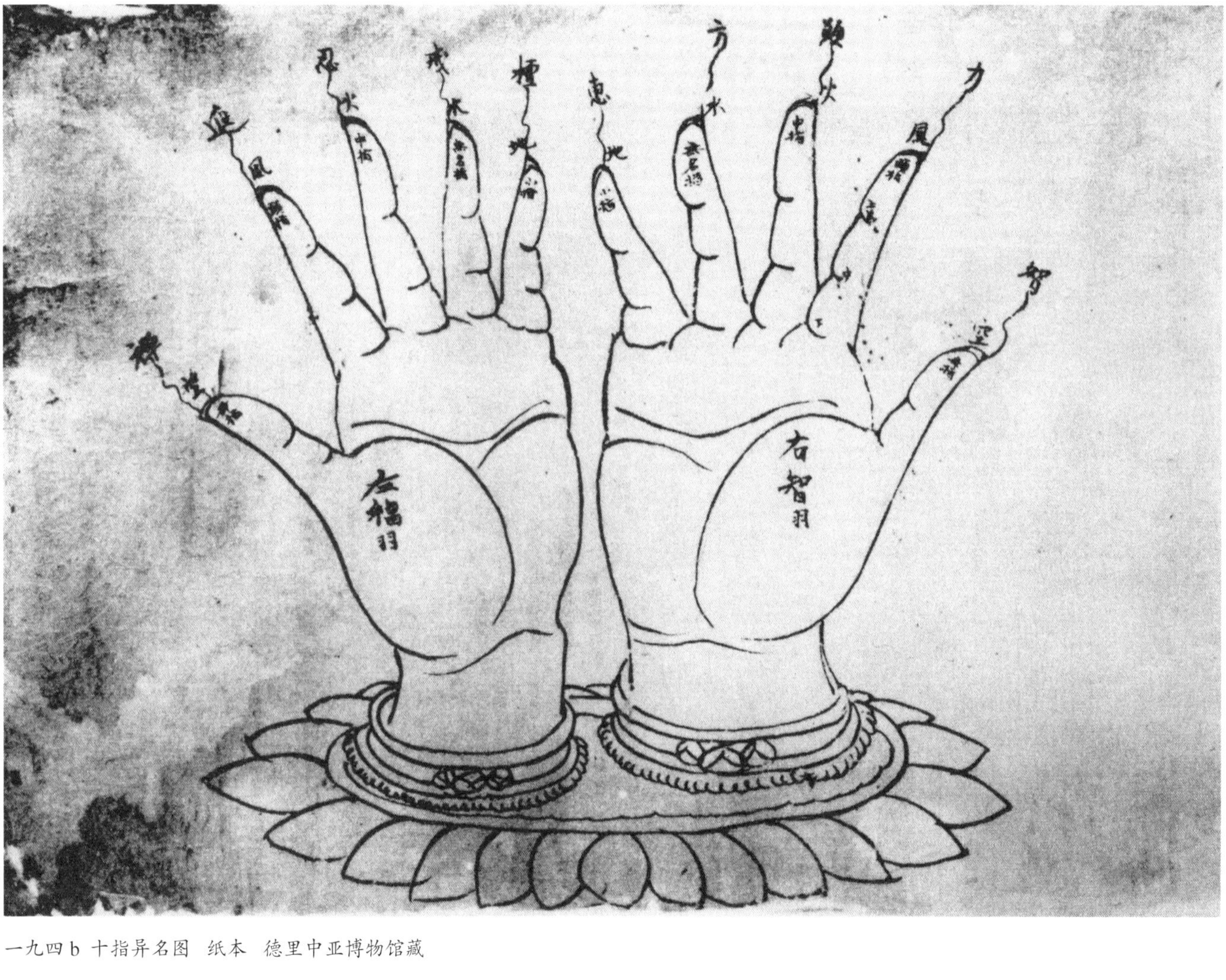

一九四 b 十指异名图 纸本 德里中亚博物馆藏

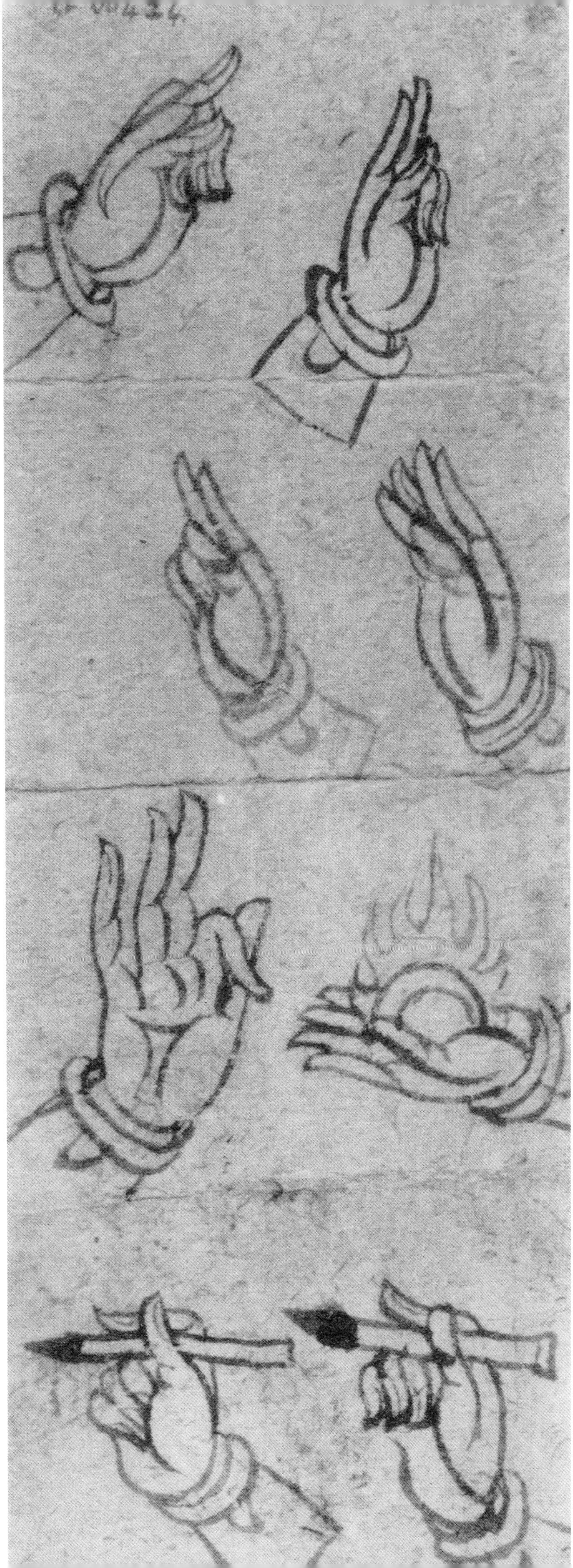

一九五 a 契印图 纸本白描
德里中亚博物馆藏

第八章

一九五b 龙身罗宣（？）图 纸本着色 大英博物馆藏

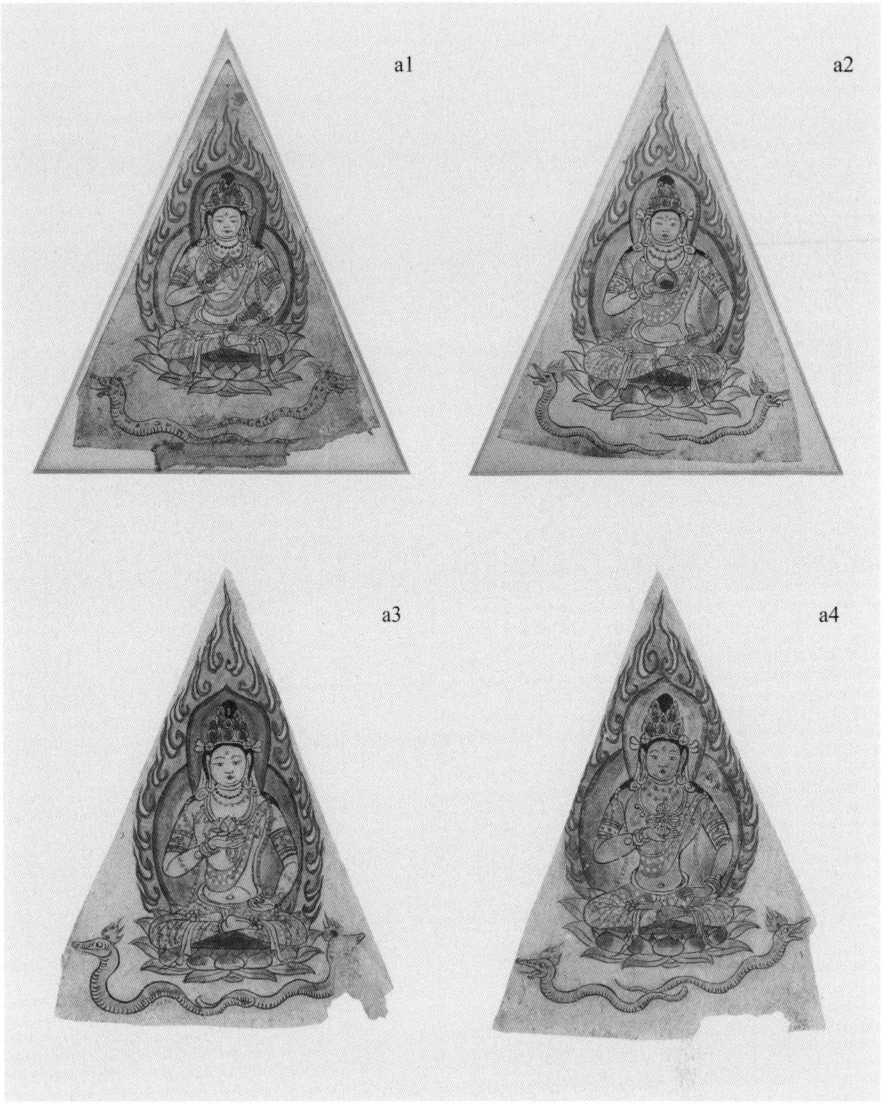

一九六 a1、a2、a3、a4 金刚萨埵、金刚宝、金刚法、金刚业　纸本着色　德里中亚博物馆藏

一九六 b 金刚因　纸本着色　德里中亚博物馆藏

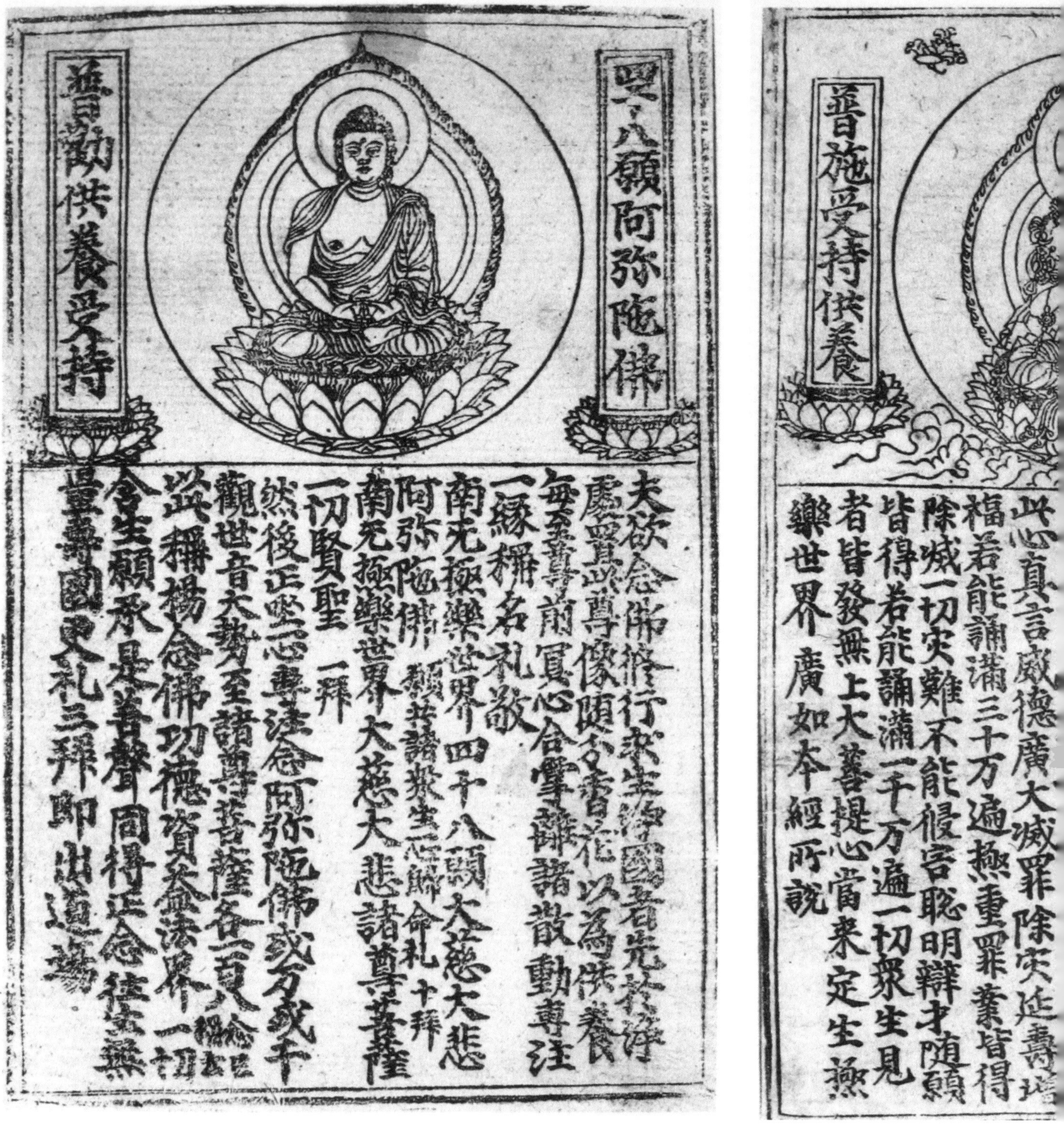

一九七 a、b、c 版画普劝供养受持笺（阿弥陀、观音、文殊）纸本　大英博物馆藏　a | b | c

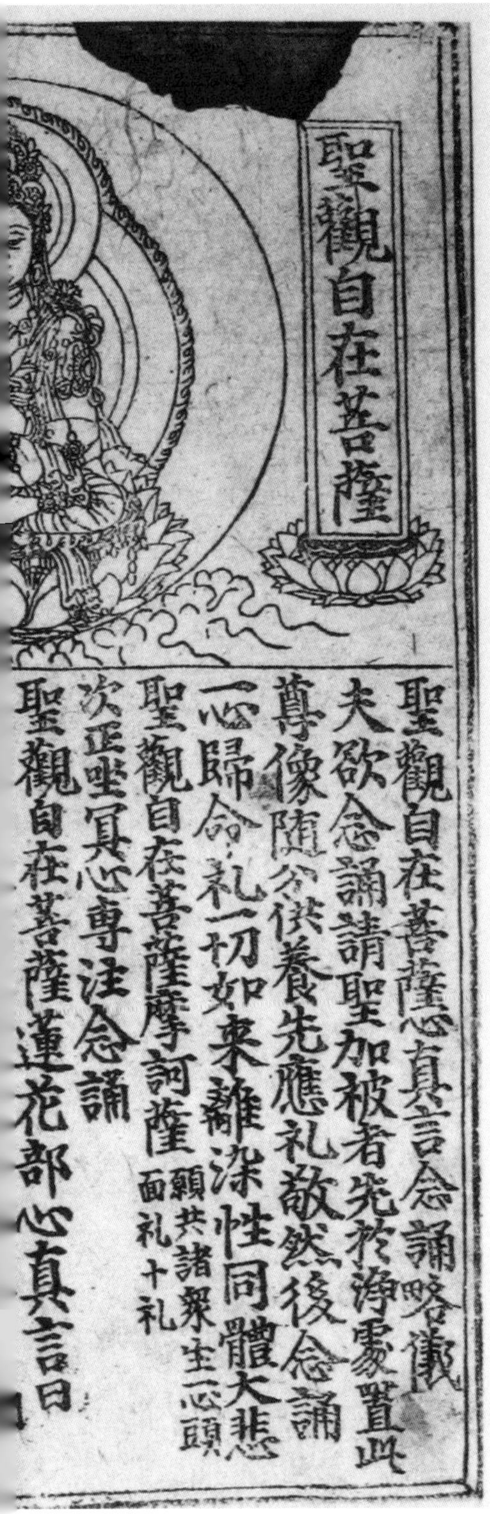
聖觀自在菩薩
聖觀自在菩薩心真言念誦略儀
夫欲念誦請聖加被者先於淨處置此
尊像隨分供養先應礼敬然後念誦
一心歸命礼一切如來離染性同體大悲
聖觀自在菩薩摩訶薩 願共諸衆生一心頂面礼十礼
次正坐冥心專注念誦
聖觀自在菩薩蓮花部心真言曰

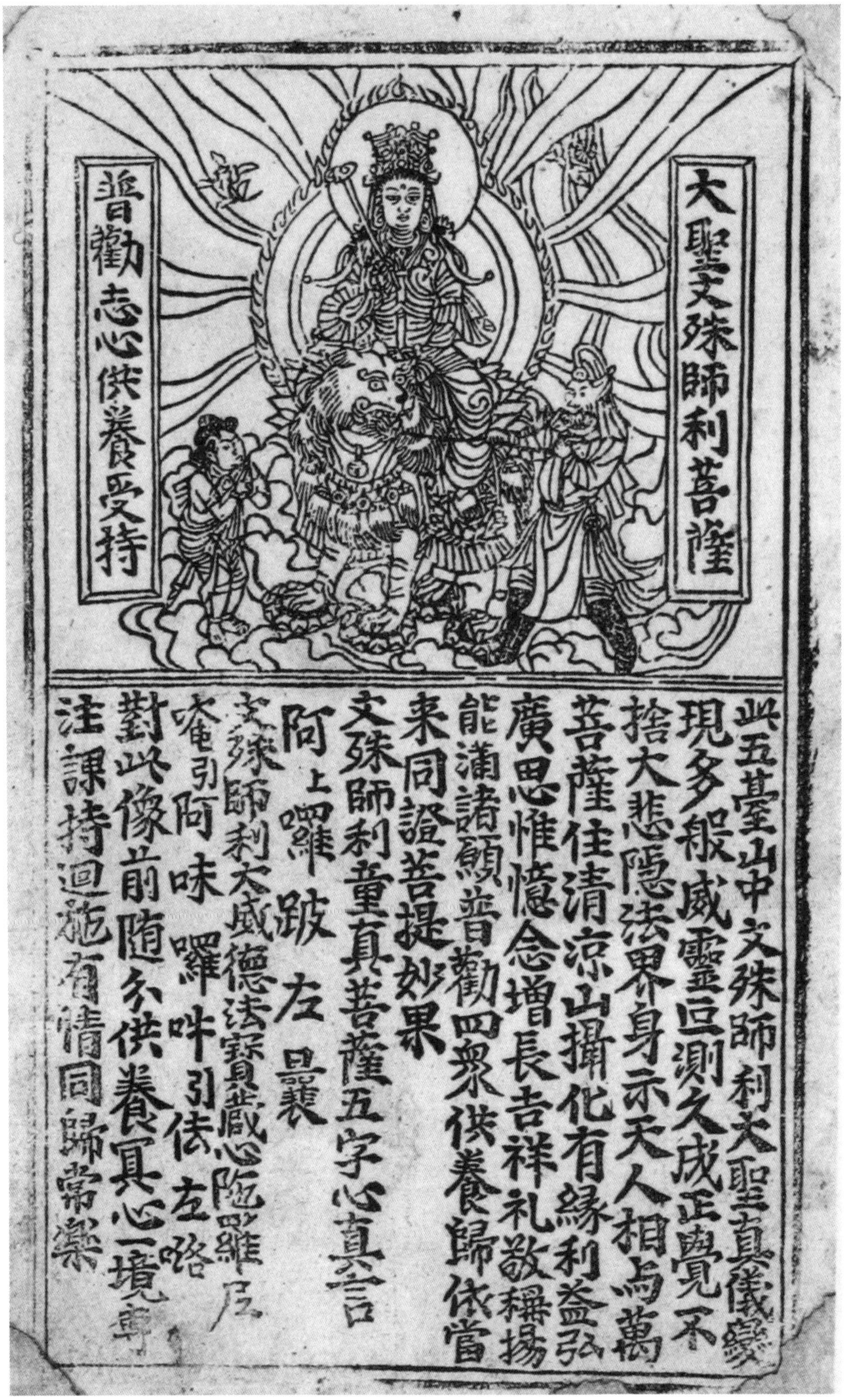
大聖文殊師利菩薩
普勸志心供養受持
此五臺山中文殊師利大聖真儀變
現多般威靈叵測久成正覺不
捨大悲隱法界身示天人相与萬
菩薩住清涼山攝化有緣利益弘
廣思惟憶念增長吉祥礼敬稱揚
能滿諸願普勸四衆供養歸依當
來同證菩提妙果
文殊師利童真菩薩五字心真言
阿上 囉 跛 左 曩
文殊師利大威德法寶藏心陁羅尼
唵引 阿 味 囉 吽引 佉 左 咯
對此像前隨分供養冥心一境專
注課持迴施有情同歸常樂

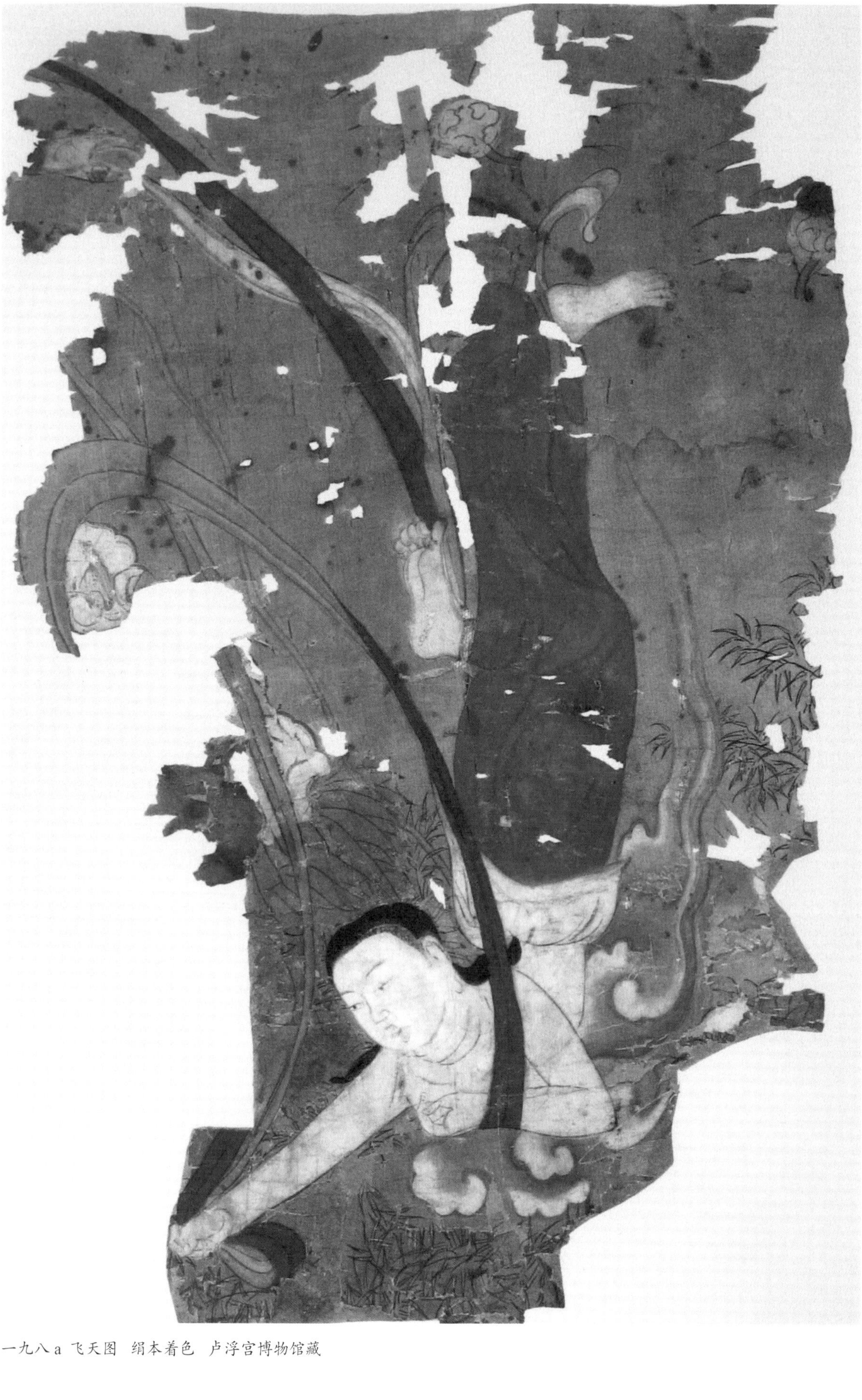

一九八a 飞天图 绢本着色 卢浮宫博物馆藏

一九八 b 地藏菩萨图 绢本着色 大英博物馆藏

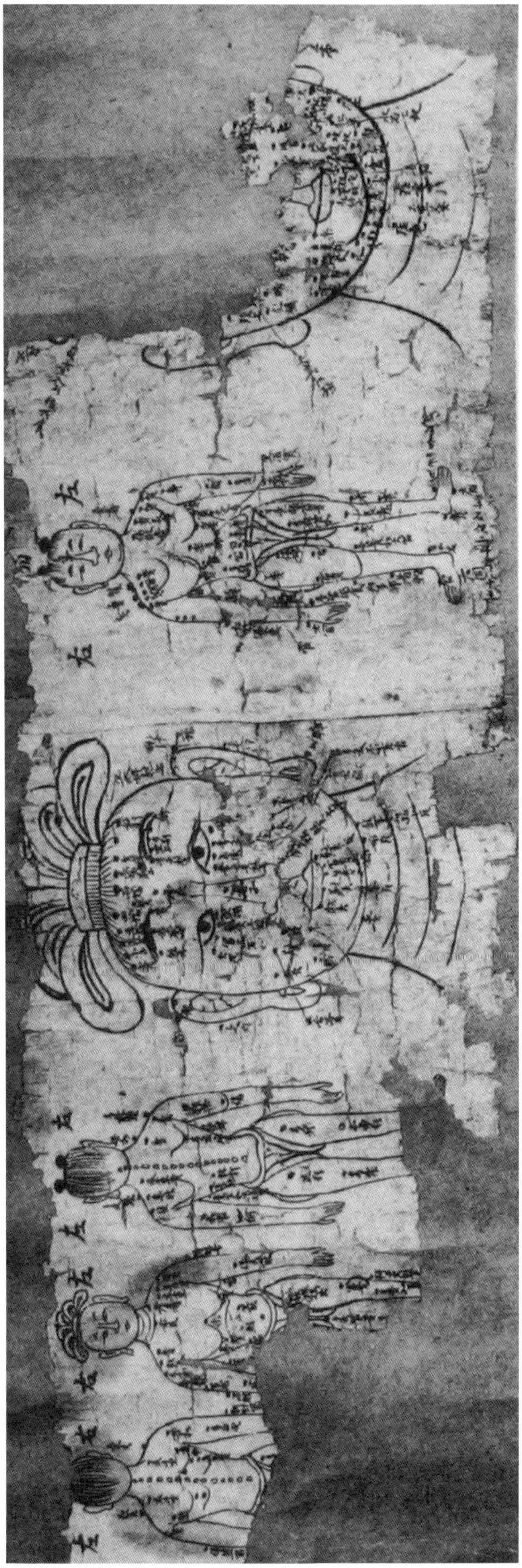

一九九 a 观相图卷 纸本白描 大英博物馆藏

一九九 b 彩画梵夹 纸本着色 大英博物馆藏

一九九 c 彩画梵夹 纸本着色 大英博物馆藏

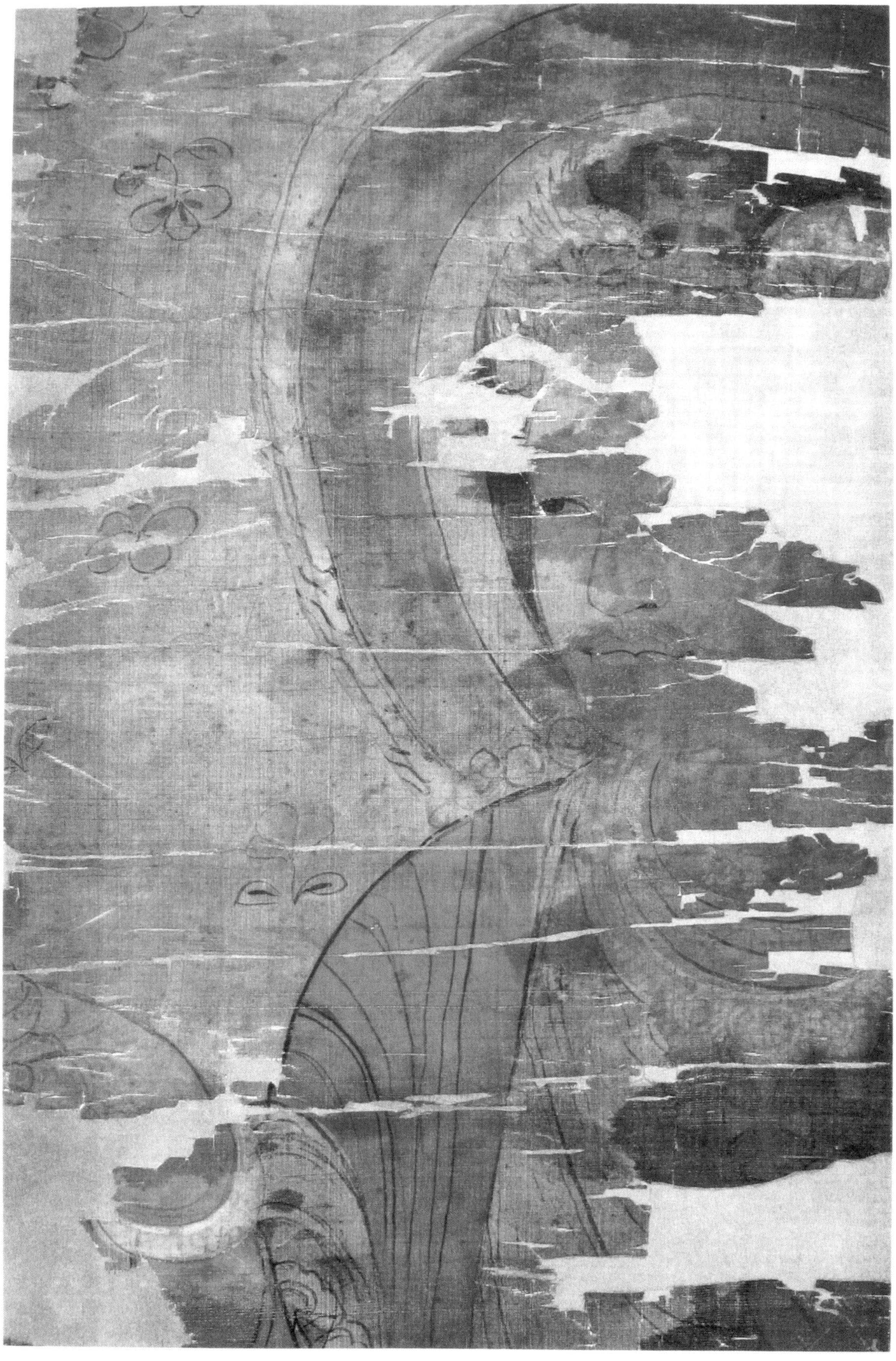

二〇〇 景教人物图 绢本着色 大英博物馆藏

二〇一a 菩萨图 绢本着色 德里中亚博物馆藏

二〇一b 菩萨图 绢本着色 大英博物馆藏

二〇一c 菩萨图 绢本着色 德里中亚博物馆藏

二〇二a 菩萨图　绢本着色　大英博物馆藏

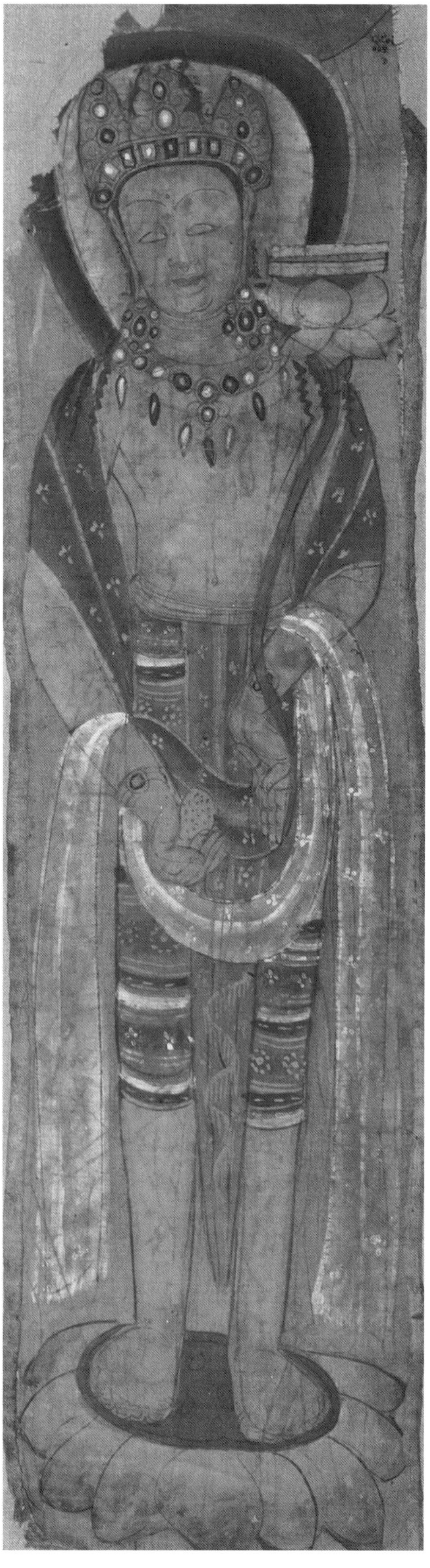

二〇二b 菩萨图　绢本着色　德里中亚博物馆藏

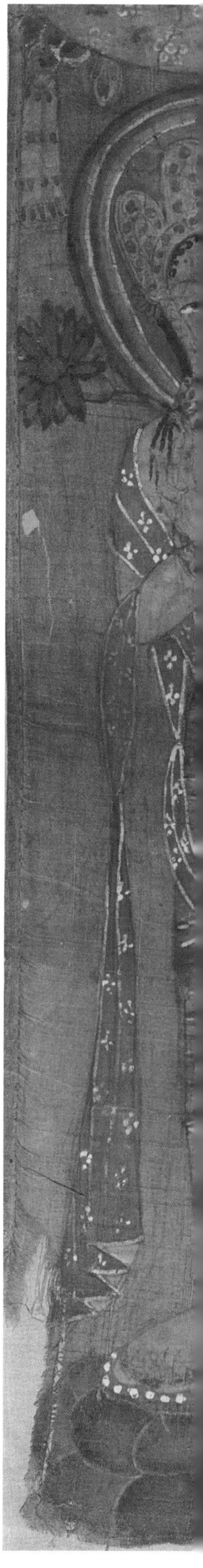

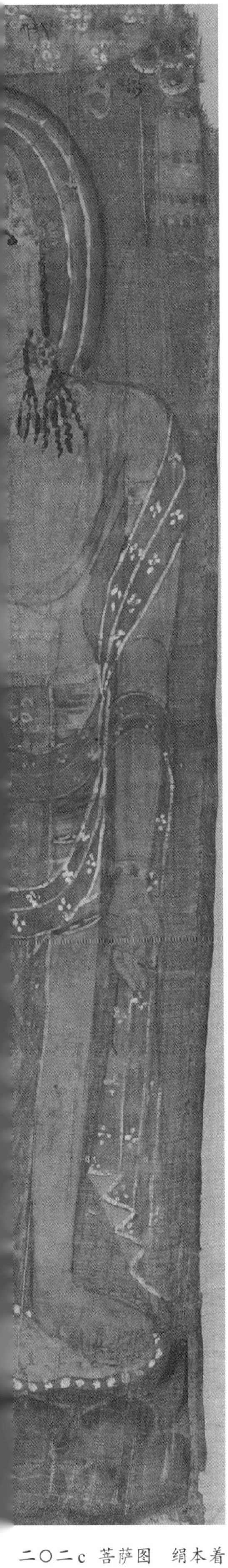

二〇二c 菩萨图 绢本着色 德里中亚博物馆藏

二〇三a 菩萨图 绢本着色 大英博物馆藏

二〇三b 菩萨图 绢本着色 德里中亚博物馆藏

二〇三 c 菩萨图　绢本着色　大英博物馆藏

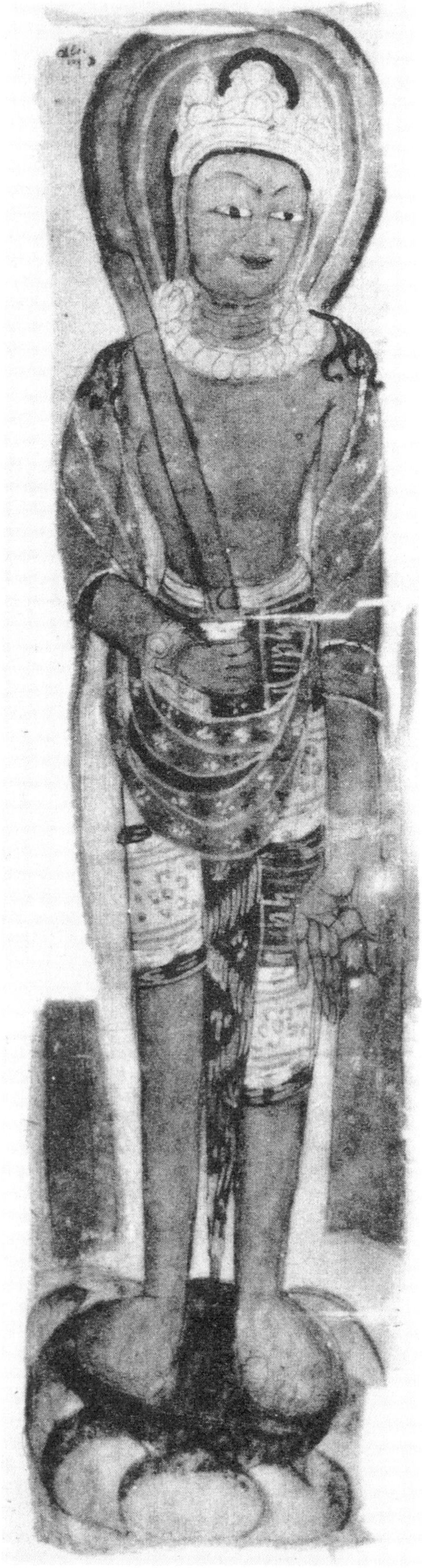

二〇三 d 菩萨图　绢本着色　德里中亚博物馆藏

二〇四 a 菩萨图 纸本淡彩

二〇四b 菩萨图 纸本淡彩 大英博物馆藏

二〇五 a 菩萨图 绢本着色 大英博物馆藏

二〇五 b 菩萨图 绢本着色 大英博物馆藏

二〇六a 菩萨图 绢本着色 大英博物馆藏

二〇六 b 如意轮观音图 绢本着色 德里中亚博物馆藏

二〇七 a 菩萨图　绢本着色　大英博物馆藏

二〇七b 菩萨图 绢本着色 德里中亚博物馆藏

二〇七c 菩萨图 绢本着色 德里中亚博物馆藏

二〇八 a 天王图 绢本着色 大英博物馆藏

二〇八b 天王图　绢本
着色 大英博物馆藏

二〇九 a 千佛洞第 120N 窟壁画［D285 北壁］

二〇九 b 千佛洞第 120N 窟壁画［D285 北壁］

二一〇a 千佛洞第 135 窟壁画［D428 南壁］

1—3

二一〇b 千佛洞第 126B 窟壁画
［D296 西壁］日月两象图

二一一 a 千佛洞第 120N 窟天井［D285 窟顶东披］

二一一 b 千佛洞第 103 窟［D251］内景

二一二 a 千佛洞第 120N 窟壁画［D285 西壁］月天及其他

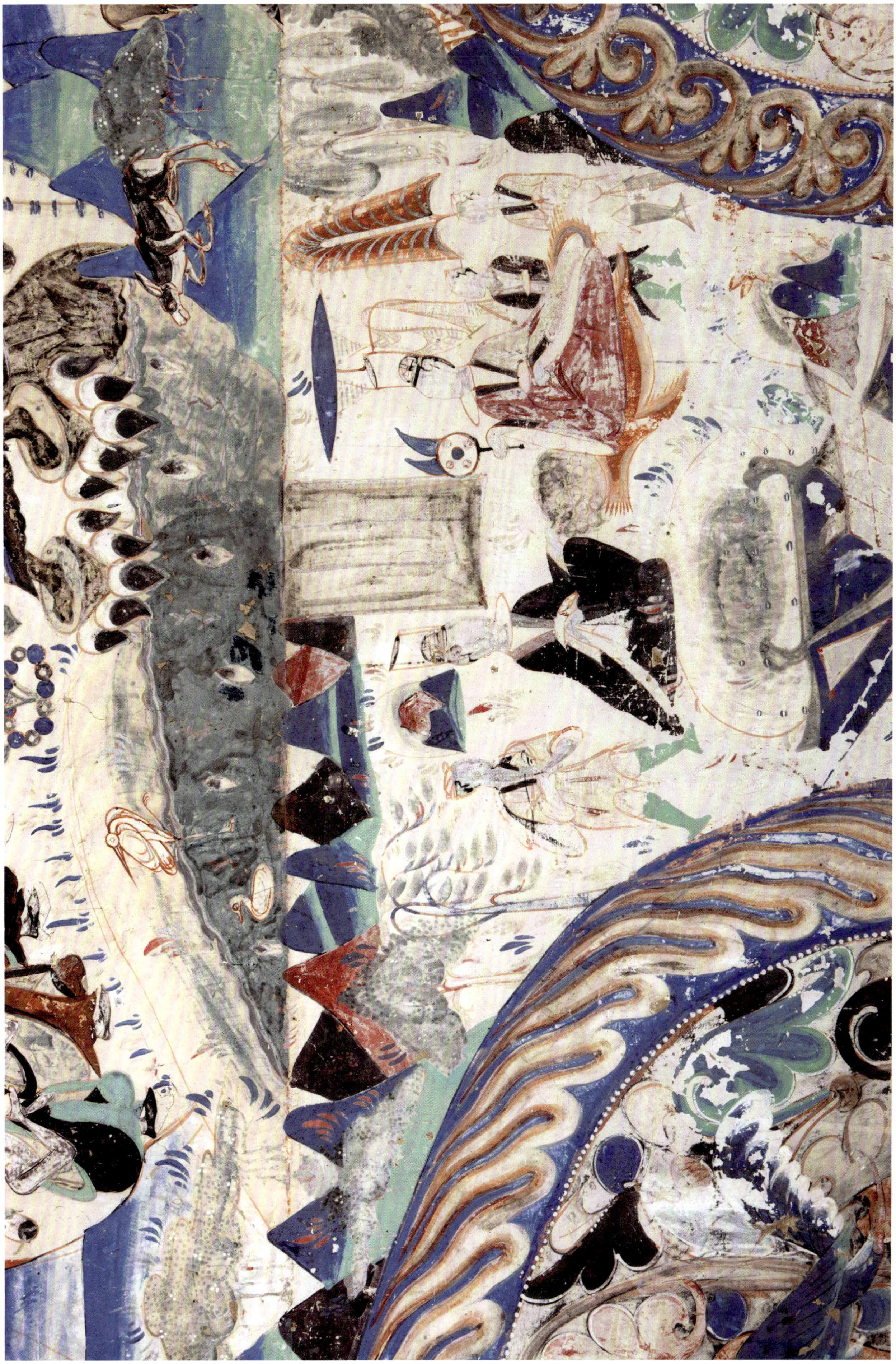

二一二b 千佛洞第 120N 窟壁画［D285 南壁］

二一三 a 千佛洞第 77 窟壁画［D285 东壁与东披］诸佛图

二一三 b 千佛洞第 139A 壁画［D321 东壁］诸佛图

二一四 a 千佛洞第 19 窟壁画［D158 东壁］净土变相

二一四b 千佛洞S第7窟壁画［D55甬道南壁］行道菩萨

二一五 a 千佛洞第 74 窟壁画［D98 东壁门南］于阗国王李圣天及一族像

二一五 b 千佛洞第 117 窟壁画［D61 东壁门北］于阗国王第三女天公主李氏像及其他

二一六 a 比丘图 绢本着色 吉美博物馆藏

二一六 b 观世音菩萨图 绢本着色 德里中亚博物馆藏

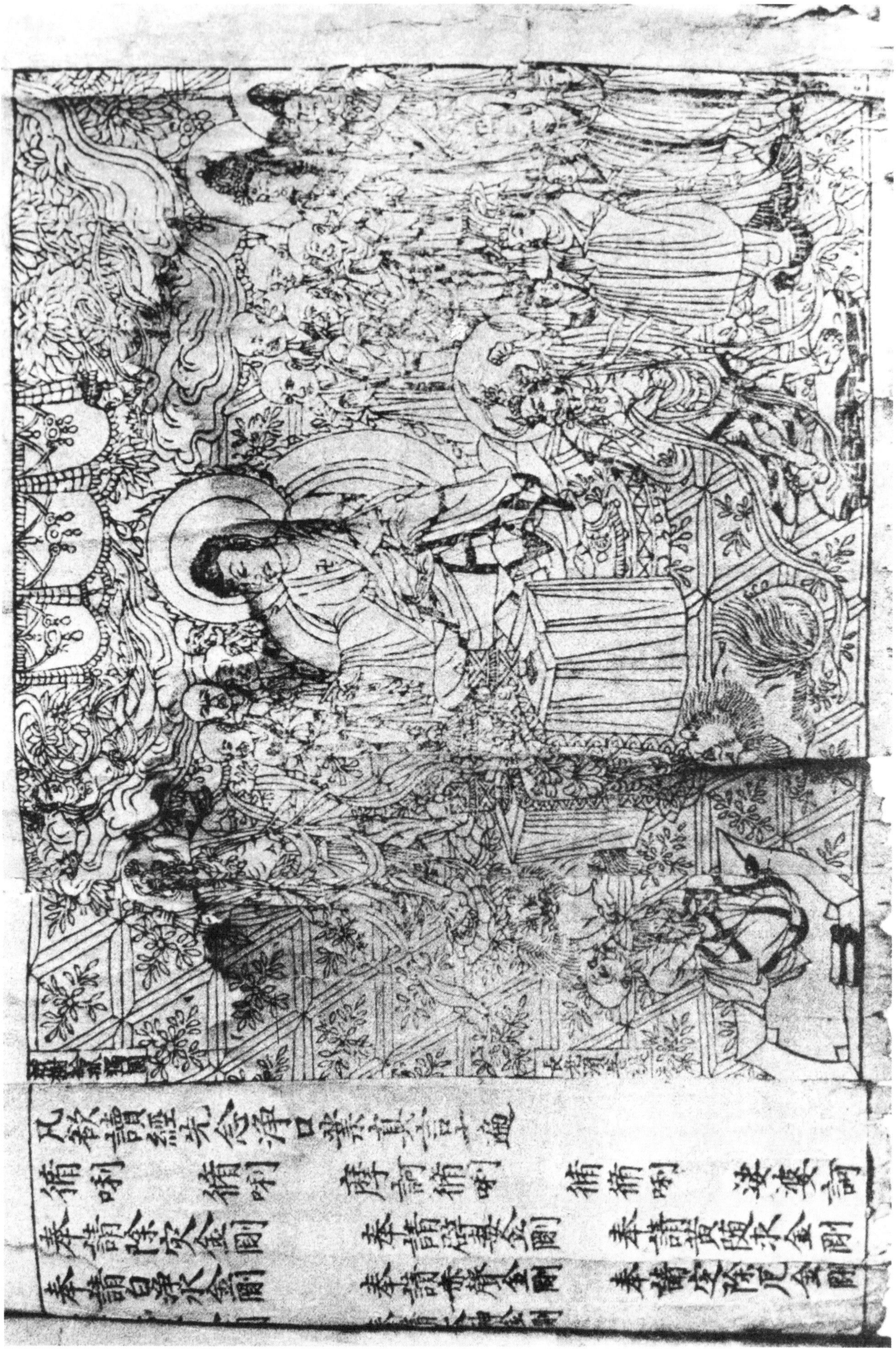

二一七a 祇树给独孤园图（《金刚般若波罗蜜多经》卷头） 纸本 大英博物馆藏

二一七 b 观音菩萨图 绢本着色 大英博物馆藏

二一八 a 观音菩萨图 绢本着色 大英博物馆藏

二一八 b 弥勒佛图（榜题：当来不住弥勒导师）（天福四年） 绢本着色 大英博物馆藏

二一九 a 弥勒佛图 绢本着色 卢浮宫博物馆藏

二一九 b 观音菩萨图 绢本着色 长尾钦弥藏

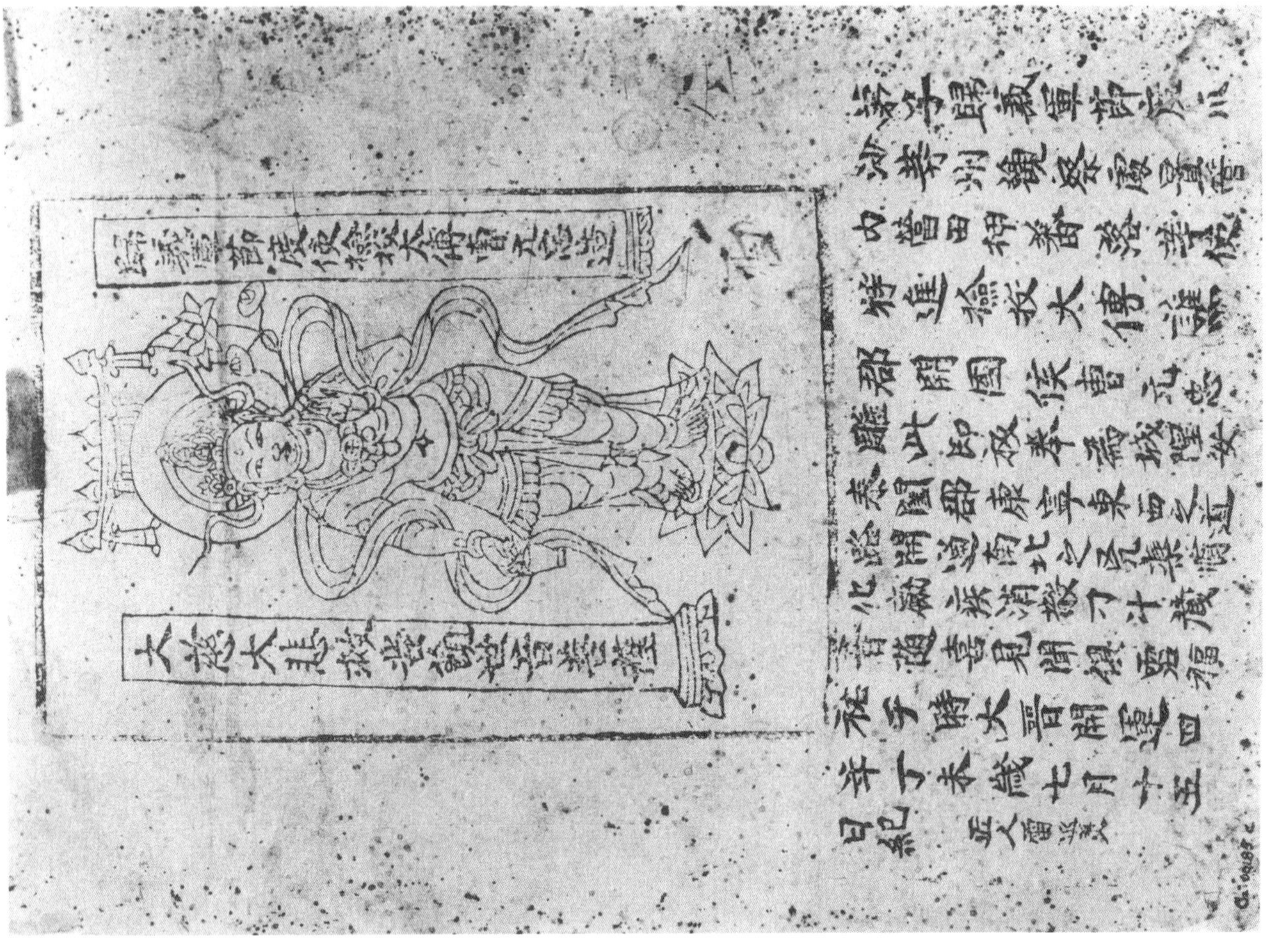

二〇a 救苦观音菩萨图 版画 大英博物馆藏

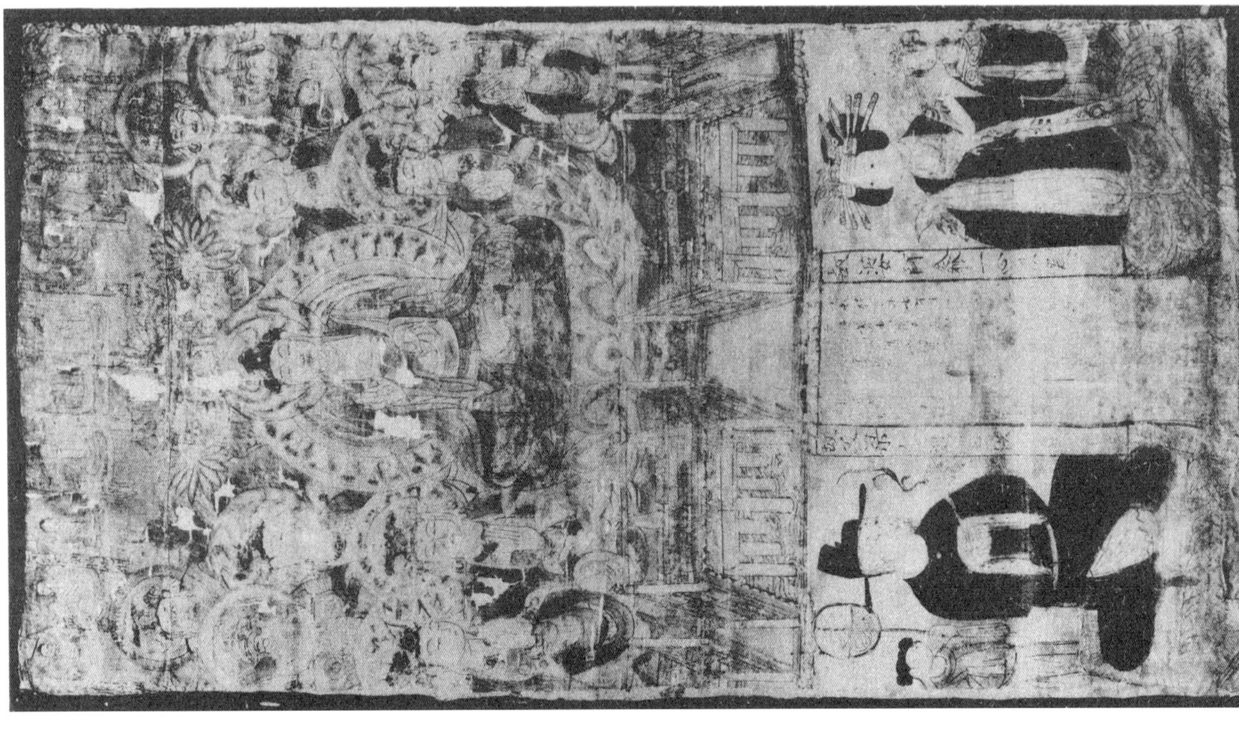

二〇b 释迦如来（？）图 绢本着色 德里中亚博物馆藏

二二一 a 释迦如来图 绢本着色 大英博物馆藏

二二一 b 观音菩萨图　绢本着色　吉美博物馆藏

二二二 a 长幡残片　绢本着色　大英博物馆藏

二二二b 观音菩萨图 绢本着色 山中商会藏

二二三 a 观音菩萨图 绢本着色 大英博物馆藏

二二三 b 观音菩萨图 绢本着色 大英博物馆藏

二二四 a 牵引马骆驼图 纸本淡彩 大英博物馆藏

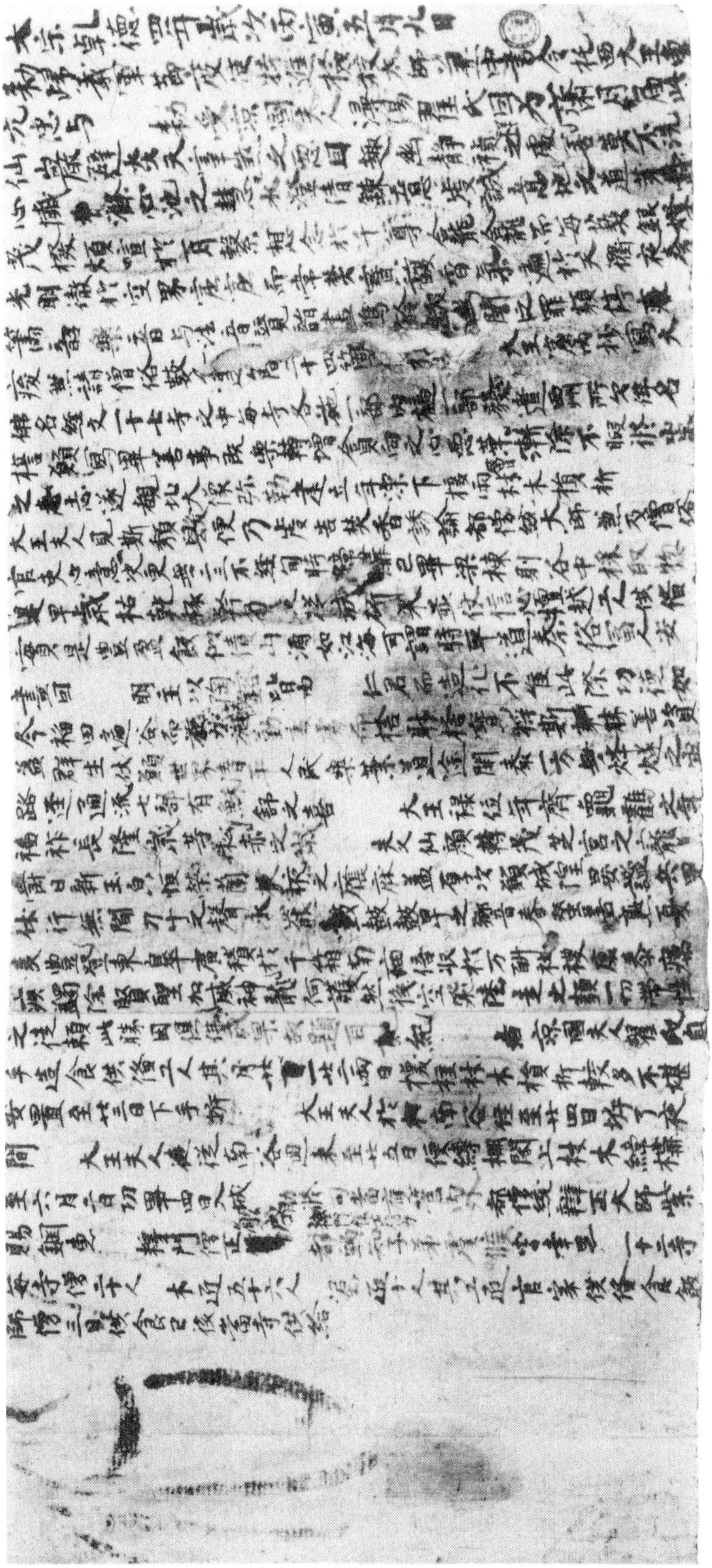

二二四b 乾德四年文书 纸本 大英博物馆藏

图书在版编目（CIP）数据

敦煌画研究 /（日）松本荣一著；林保尧，赵声良，李梅译. — 杭州：浙江大学出版社，2019.9（2022.4重印）
ISBN 978-7-308-19080-0

Ⅰ.①敦… Ⅱ.①松… ②林… ③赵… ④李… Ⅲ.①敦煌壁画—研究 Ⅳ.①K879.414

中国版本图书馆CIP数据核字（2019）第071481号

敦煌画研究
[日]松本荣一 著 林保尧 赵声良 李 梅 译

封面题字 赵声良
策　　划 黄宝忠
责任编辑 徐凯凯 韦丽娟
文字编辑 邵吉辰
责任校对 黄梦瑶
封面设计 黄　雪
出版发行 浙江大学出版社
（杭州市天目山路148号 邮政编码 310007）
（网址：http：//www.zjupress.com）
排　　版 杭州中大图文设计有限公司
印　　刷 浙江省邮电印刷股份有限公司
开　　本 889mm×1194mm 1/16
印　　张 55.5
字　　数 500千
版 印 次 2019年9月第1版 2022年4月第4次印刷
书　　号 ISBN 978-7-308-19080-0
定　　价 980.00元（上、下册）